新手上路的知音

范 立 主编

何雪莲 彭 瑾 刘选锋 副主编

·广州·

图书在版编目(CIP)数据

新手上路的知音/范立主编. —广州：华南理工大学出版社，2021.11

ISBN 978-7-5623-6787-1

Ⅰ.①新… Ⅱ.①范… Ⅲ.①汽车驾驶-基本知识 Ⅳ.①U471.1

中国版本图书馆CIP数据核字（2021）第134694号

XINSHOU SHANGLU DE ZHIYIN
新手上路的知音

范 立 主 编
何雪莲 彭 瑾 刘选锋 副主编

出 版 人：卢家明
出版发行：华南理工大学出版社
　　　　　（广州五山华南理工大学17号楼，邮编510640）
　　　　　http://hg.cb.scut.edu.cn　E-mail：scutc13@scut.edu.cn
　　　　　营销部电话：020-87113487　87111048（传真）
选题策划：范亚玲
责任编辑：梁玉琪　李秋云
责任校对：李巧云
印　刷　者：佛山家联印刷有限公司
开　　本：880mm×1230mm　1/32　印张：3.625　字数：96千
版　　次：2021年11月第1版　2021年11月第1次印刷
定　　价：36.00元

版权所有　盗版必究　印装差错　负责调换

目录

第1章 汽车上的安全装置 ·········· 001

1. 安全带 ·········· 002
2. 安全气囊（SRS）·········· 003
3. 安全头枕 ·········· 006
4. 儿童安全锁 ·········· 007
5. 儿童安全座椅 ·········· 009
6. 防抱死制动系统（ABS）·········· 011
7. 巡航控制系统（CCS）·········· 012
8. 倒车防撞雷达 ·········· 013

第2章 与人友好的安全驾驶 ·········· 015

1. 爱惜生命 ·········· 016
2. 关爱礼让 ·········· 017
3. 了解自己 ·········· 018
4. 心态良好 ·········· 019
5. 保持冷静 ·········· 020

第3章 安全驾驶守则 ·········· 023

1. 一定要遵守安全行车速度 ·········· 024
2. 转弯时一定要在弯前减速 ·········· 025
3. 保护横穿马路行人的安全 ·········· 026
4. 确保交叉路口通行安全 ·········· 027

第4章 夜间安全行车 ... **029**

1. 正确使用灯光 ... 030
2. 控制车速 ... 031
3. 保持安全车距 ... 032
4. 注意前照灯的前方 ... 033
5. 不要直视迎面来车的前照灯 ... 034
6. 车内尽量不要开灯 ... 035

第5章 高速公路上的安全驾驶 ... **036**

1. 必要的准备和检查 ... 037
2. 通过收费口 ... 038
3. 进入主行车道 ... 039
4. 注意其他车辆的动向 ... 040
5. 保持较大的车距 ... 041
6. 不要忽视车距确认路段 ... 042
7. 超车要提前变换车道 ... 043
8. 经过路口时注意躲避车辆 ... 044
9. 遇到横风的正确控制 ... 045
10. 浓雾天气行车安全 ... 046
11. 大雨天气避免"水滑"现象 ... 047
12. 冬季行车注意积雪路面 ... 048
13. 发生事故、故障时要确保安全 ... 049
14. 驶出高速公路要走减速车道 ... 050

第6章 预测危险驾驶 ... **051**

1. 防范驾驶 ... 052
2. 观察死角和预测 ... 053

3　不要变"熟练驾驶"为"主观驾驶"⋯⋯⋯⋯⋯⋯⋯⋯⋯⋯⋯⋯ 055

第7章　身体机能与驾驶操作⋯⋯⋯⋯⋯⋯⋯⋯⋯⋯⋯⋯⋯⋯ **057**
　1　视力的影响因素⋯⋯⋯⋯⋯⋯⋯⋯⋯⋯⋯⋯⋯⋯⋯⋯⋯⋯ 058
　2　视野的影响因素⋯⋯⋯⋯⋯⋯⋯⋯⋯⋯⋯⋯⋯⋯⋯⋯⋯⋯ 059
　3　亮度差（对比度）与视力⋯⋯⋯⋯⋯⋯⋯⋯⋯⋯⋯⋯⋯⋯ 060
　4　适应与目眩⋯⋯⋯⋯⋯⋯⋯⋯⋯⋯⋯⋯⋯⋯⋯⋯⋯⋯⋯⋯ 061
　5　反射性动作⋯⋯⋯⋯⋯⋯⋯⋯⋯⋯⋯⋯⋯⋯⋯⋯⋯⋯⋯⋯ 062
　6　老年人的驾驶特点⋯⋯⋯⋯⋯⋯⋯⋯⋯⋯⋯⋯⋯⋯⋯⋯⋯ 063
　7　年轻人的驾驶态度和倾向性⋯⋯⋯⋯⋯⋯⋯⋯⋯⋯⋯⋯⋯ 064
　8　女性驾车的风险⋯⋯⋯⋯⋯⋯⋯⋯⋯⋯⋯⋯⋯⋯⋯⋯⋯⋯ 067

第8章　冒险的驾驶行为⋯⋯⋯⋯⋯⋯⋯⋯⋯⋯⋯⋯⋯⋯⋯⋯ **070**
　1　超速行驶⋯⋯⋯⋯⋯⋯⋯⋯⋯⋯⋯⋯⋯⋯⋯⋯⋯⋯⋯⋯⋯ 071
　2　疲劳驾驶⋯⋯⋯⋯⋯⋯⋯⋯⋯⋯⋯⋯⋯⋯⋯⋯⋯⋯⋯⋯⋯ 072
　3　酒后驾驶⋯⋯⋯⋯⋯⋯⋯⋯⋯⋯⋯⋯⋯⋯⋯⋯⋯⋯⋯⋯⋯ 073
　4　抢行超车⋯⋯⋯⋯⋯⋯⋯⋯⋯⋯⋯⋯⋯⋯⋯⋯⋯⋯⋯⋯⋯ 074
　5　占道行驶⋯⋯⋯⋯⋯⋯⋯⋯⋯⋯⋯⋯⋯⋯⋯⋯⋯⋯⋯⋯⋯ 075
　6　随意停车⋯⋯⋯⋯⋯⋯⋯⋯⋯⋯⋯⋯⋯⋯⋯⋯⋯⋯⋯⋯⋯ 076
　7　不顾他人的变道⋯⋯⋯⋯⋯⋯⋯⋯⋯⋯⋯⋯⋯⋯⋯⋯⋯⋯ 078
　8　驾车使用手持电话⋯⋯⋯⋯⋯⋯⋯⋯⋯⋯⋯⋯⋯⋯⋯⋯⋯ 079
　9　人行横道线前不让行⋯⋯⋯⋯⋯⋯⋯⋯⋯⋯⋯⋯⋯⋯⋯⋯ 080
　10　 闯红灯⋯⋯⋯⋯⋯⋯⋯⋯⋯⋯⋯⋯⋯⋯⋯⋯⋯⋯⋯⋯⋯ 081
　11　 遮挡号牌⋯⋯⋯⋯⋯⋯⋯⋯⋯⋯⋯⋯⋯⋯⋯⋯⋯⋯⋯⋯ 083

第9章　文明礼让的行为⋯⋯⋯⋯⋯⋯⋯⋯⋯⋯⋯⋯⋯⋯⋯⋯ **084**
　1　看到"停"字标志要停车⋯⋯⋯⋯⋯⋯⋯⋯⋯⋯⋯⋯⋯⋯ 085

2　看到"让"字标志要减速 ································· 085
　3　黄灯亮时不抢行 ····································· 086
　4　路口右转弯要礼让行人 ······························· 087
　5　使用喇叭要文明 ····································· 088
　6　主动避让违法行为 ··································· 089
　7　在道路上有序通行 ··································· 090

第10章　事故现场的急救 ·································· **092**
　1　选定适当的场所 ····································· 093
　2　事故发生时的报警 ··································· 094
　3　现场应急处置 ······································· 095
　4　对伤员临时实施的急救措施 ··························· 095
　5　实施急救前的观察 ··································· 096
　6　对伤员呼吸的观察 ··································· 097
　7　对出血伤员的观察 ··································· 099
　8　转移受伤者 ··· 100
　9　伤者的姿势（体位）处理 ····························· 101
　10　心肺复苏法 ·· 102
　11　常用止血方法 ······································ 105

第 1 章　汽车上的安全装置

您会正确使用汽车上的安全装置吗？

为了驾驶安全和保护驾乘人员的生命，汽车上采用了各种各样的安全装置。这些安全装置是用来防止交通事故的发生或在发生事故时减轻受伤的程度的。但如果使用不当反而会增加事故的风险。因此，我们应首先掌握这些装备的性能，并正确使用。

1 安全带

您上车后,最重要的是不要忘记系好被誉为"生命带"的安全带。

您驾驶的汽车座椅上都安装了安全带,您在驾驶汽车时,千万不要忘记给自己系好安全带,同时也要提醒您的乘车人系好安全带。汽车安全带是一种极其有效的安全防护装置。其作用是在车辆发生碰撞或使用紧急制动时,将驾乘人员牢牢地"拴"在座椅上,防止发生二次碰撞。安全带有缓冲作用,能吸收大量的撞击能量,缓解巨大的惯性力,减轻驾乘人员受伤害的程度。

车紧急制动,驾驶人系着安全带,身体前倾

驾驶汽车时不系安全带,一旦遇到紧急制动或车辆碰撞、倾翻事故时,巨大的冲击力和惯性会使驾驶人因头部撞击前风挡玻璃或者胸部撞击方向盘而受到致命的伤害,驾乘人员也有可能被甩出车窗而引发重大伤亡事故。

驾乘人员系好安全带，在事故中存活的概率是不系安全带的2倍，受伤的概率比不系安全带降低50%。调查表明，如果系了安全带，在发生正面撞车时可使死亡率减少57%；侧面撞车时可使死亡率减少44%；翻车时可使死亡率减少80%。所以，驾乘汽车系好安全带，可以减少交通事故对生命的威胁。

安全带在汽车发生碰撞等交通事故时，虽能降低驾乘车人员的受伤程度或保护其不至伤亡，但是必须正确使用，否则会大大降低其作用。因此，在使用安全带时要记住以下几点：

（1）要经常检查安全带的状态，如有损坏要立即更换。

（2）安全带要尽量系在髋部和胸前，只能一个人使用，严禁双人共用，不要将安全带扭曲使用。

（3）使用安全带时不要让其压在坚硬易碎的物体上，如眼镜、钢笔等。

（4）座椅上无人时，要将安全带送回卷收器中，将扣舌置于收藏位置，以免在紧急制动时扣舌撞击其他物体。

（5）不要让座椅背过于倾斜，否则安全带将不能正确地伸长和收卷。

（6）安全带的扣带一定要扣好，防止受到外力时脱落而不能起到保护作用。

2 安全气囊（SRS）

驾驶汽车发生碰撞时的保护装置——安全气囊。

您驾驶的汽车驾驶室方向盘中间罩盖、前小贮藏箱和两侧车门内，都安装了安全气囊。安全气囊在汽车以高于60km/h的车速与固定障碍物碰撞或发生事故受到强烈撞击时迅速膨胀，形成气袋。前排气囊可保护驾驶人和前排人员头部和胸部免受伤害，两侧气囊可以避免汽车两侧被撞击或翻滚时驾乘人员受到伤害。

汽车发生碰撞时，由于气囊在极短的时间内打开，产生的冲击力很大，如果使用不当会造成意外伤害。安全气囊必须与安全带配合使用，当安全气囊在汽车发生剧烈碰撞后迅速打开时，有安全带的束缚，驾乘人员前冲的距离受到限制，力量就会减缓，气囊对人身的伤害也会降低。

气囊打开，驾驶人没系安全带，头埋在气囊内，导致窒息

气囊打开，坐在前排的儿童被气囊击中头部，导致颈椎骨折

第1章 汽车上的安全装置

气囊打开,驾驶人离气囊太近,正中心口窝,张口喷血

副座气囊打开,小装饰满车飞,香水瓶砸到驾驶人头部

儿童千万不要坐在前排。因为气囊的安装位置及打开的力度都是按照成人来设计的,气囊打开后正好处在人的头胸之间,这样才能对成人起到最大的保护作用。如果儿童坐在前排,气囊打开后的位置就到了头部,强大的冲击力会导致儿童颈椎骨折甚至死亡。

由于气囊打开时的力度很大,驾乘人员要保持正确的坐姿,与气囊保持一定的安全距离,胸部离方向盘至少10cm以上,以免被打开的气囊伤害。

不要在气囊罩盖上放香水瓶、小摆设之类的装饰,以免气囊迅速打开时,驾乘人员受到四处飞溅的物体的伤害。

尽量不要戴眼镜驾驶或在前排乘坐,以免气囊迅速打开时,眼镜在气囊的冲击下造成驾乘人员面部损伤。

气囊打开,驾驶人的眼镜被打碎,导致面部受伤

3 安全头枕

您在起步前,千万不要忘记调整保护您颈椎的安全头枕。

您驾驶的汽车座椅上都设置了可调节的安全头枕,千万不要忽视安全头枕的作用。当您驾驶的汽车被追尾时,安全头枕会保护您和其他乘车人的颈部不受伤害。如果行车前驾乘人员不根据身高调整头枕高度,头枕就不能发挥保护作用,颈椎会因被追尾时的突然撞击而折断,使驾乘人员存在着被伤害的危险。所以,驾乘人员在行车前都要认真调整安全头枕的高度，使头枕中心与头平齐，且能支撑自己的后脑勺。

头枕太低，汽车追尾，易导致颈椎折断

4 儿童安全锁

您在带儿童乘车出行前，一定要使用保护儿童的儿童安全锁。

您驾驶的汽车后车门都设有专门为儿童配备的儿童安全锁（仔细看汽车的使用说明书，会在后门发现这个装备），用来防止后排乘坐的儿童在行车中误开车门或在下车时自己打开车门。当您把儿童安全锁开关扳到锁止状态后，从车内就无法打开车门，只有从车外侧才能打开车门，电动控制的车门锁死儿童门锁后，也得从外侧打开车门。

成年人给孩子打开后车门

儿童天性好动,求知欲强烈,乘车时习惯到处乱摸乱动,行车途中孩子一旦拉动车门把手将车门打开,极易发生被甩出车外的情况。停车时,若儿童未观察车外交通情况突然打开车门下车,往往会引发事故。如果带孩子乘车,一定要锁止双侧后门的儿童安全锁,然后关上车门,防止发生意外。同时,最好按下车门锁,锁上车门。由于前排座椅没有设置儿童锁,一定不要让儿童坐在前排。

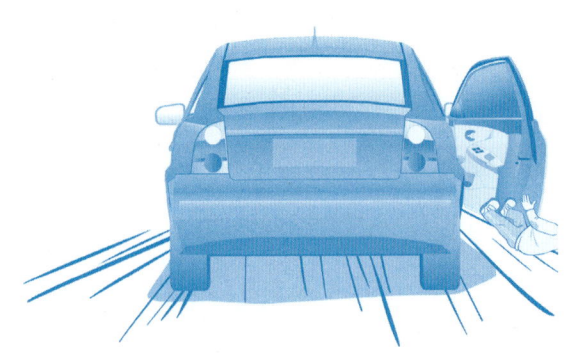

行车时儿童从内侧打开车门,被甩出车外

5 儿童安全座椅

为了孩子的生命安全,您一定要为孩子准备儿童安全座椅。

车用儿童安全座椅是安装在汽车座椅上的选配装置,在儿童乘车时使用。正确使用儿童安全座椅,可以在遇到紧急制动和交通事故时防止儿童受伤,保障儿童乘车安全。

如果儿童乘车不使用儿童座椅,即使在低速驾驶过程中遇到紧急制动或发生事故,儿童都会因不能抵抗巨大的惯性作用而受到挤压伤害或碰撞伤害。越来越多的家长开始了解儿童安全座椅的保护作用,都把儿童安全座椅作为行车必备的安全设备。

为了孩子的生命安全和家庭幸福,您在带着孩子驾车出行时,一定要为孩子准备安全座椅。要根据儿童的体型挑选合适的儿童安全座椅或儿童汽车专用增高垫,婴儿可选用婴儿专用座椅。要用安全带把儿童安全座椅牢牢地固定在后排座位上。系儿童安全带的最佳方法是使安全带跨过儿童的肩膀(而不是手臂)斜对角贴胸而过,腿部安全带应该跨过儿童大腿根部(而不是腹部),这样可以避免儿童因扭动造成安全带的脱落。

儿童坐在安全座椅内,车追尾前车,儿童很安全

儿童不使用安全座椅,车紧急制动,儿童撞向前方

另外，因为儿童的体型较小，如果要保证正确使用安全带，需要把儿童所坐的位置垫高。儿童安全座椅都有一定的垫高功能，年龄大一些的儿童无法坐儿童座椅时，可以选择儿童安全坐垫。儿童被垫高后，可以使用正常的安全带，这个简单的措施能将危险系数大大降低。

正确使用儿童安全带

给儿童使用安全坐垫，系好安全带

6 防抱死制动系统（ABS）

能够在汽车制动时消除跑偏、甩尾的是防抱死制动系统（ABS）。防抱死制动系统（ABS）是汽车上安装的自动防止车轮抱死的装置，能保证汽车在任何路面上进行紧急制动时，自动控制和调节制动力，防止车轮抱死，使每个车轮产生尽可能大的地面制动力，进而避免制动过程中的跑偏、甩尾等非稳定情况发生，以获得良好的制动性能、操纵性能和稳定性能。

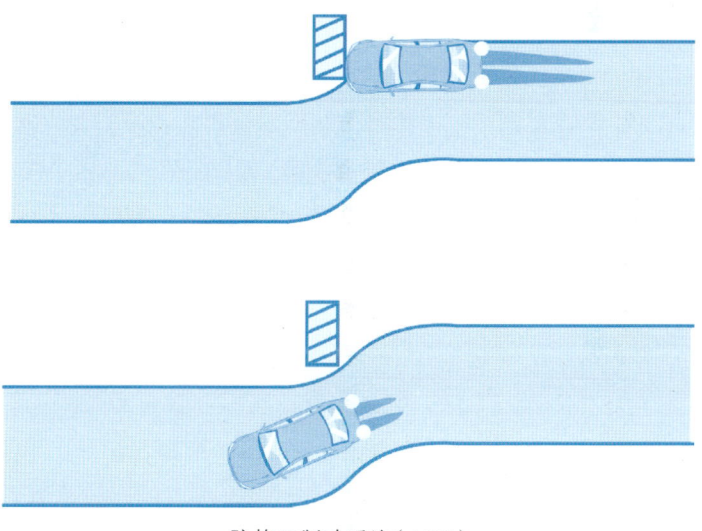

防抱死制动系统（ABS）

当您驾驶带有防抱死制动系统的汽车制动时，只有用力踩制动踏板，防抱死制动系统才起作用。当防抱死制动系统起作用时，脚底会感觉到因制动产生的振动，这时不要紧张，这不是故障，要继续用力踩住制动踏板，直到汽车减速或停车后再抬起踏板。要记住，防抱死制动系统能防止侧滑，但不能缩短制动距离。

驾驶带有防抱死制动系统的汽车，注意事项如下：

（1）制动时始终踩住制动踏板不放松，才能保证足够和连续的制动力，使防抱死制动系统有效地发挥作用。

（2）行驶时应保持车距。在状况良好的路面上行驶时，至少要留出3s的制动时间；在状况不好的路面上行驶时，要留出更长的制动时间。

（3）采取制动的同时急打转向盘，同样会出现车辆侧滑或转向失控的情况。

（4）反复踩制动踏板会使防抱死制动系统时断时通，导致制动效能减弱和制动距离增加。

（5）防抱死制动系统提供有效的转向盘可控能力，但其本身并不能自动完成汽车转向操作。

（6）防抱死制动系统工作时，制动踏板震颤和液压调节器有工作噪声是正常的，不是制动系统有故障。

7 巡航控制系统（CCS）

您在高速公路行车时，可以使用巡航控制系统（CCS）。

巡航控制系统（cruising control system，缩写为CCS），包括定速巡航行驶装置、速度控制系统等。汽车上配置的巡航控制系统，是汽车在高速公路行驶时，启用巡航控制系统后，无需使用加速踏板就可以自动地按照您所设定的速度行驶。该系统既可以保持车速的稳定，减轻驾驶的操作负担，提高行驶的舒适性，又可以节约燃料和减少有害气体排放。

当您驾驶汽车在高速公路上的行驶速度超过40km/h，且道路交通情况良好的情况下，打开巡航控制系统的开关后，电控单元会根据巡航控制开关和车速传感器信号自动地增减节气门的开度，

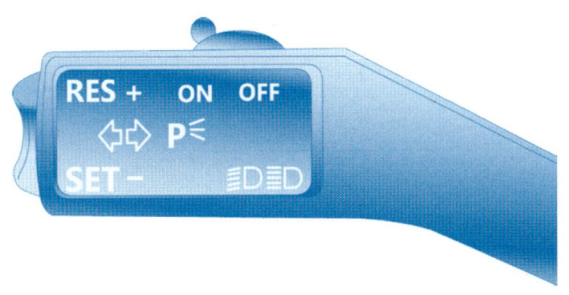

巡航控制系统

使汽车的行驶速度保持在您打开巡航控制开关时的速度，省去了频繁踩加速踏板的动作，您只要控制好方向盘就可轻松地进行驾驶。当您再踩踏加速踏板、制动踏板、离合器踏板或者操纵巡航控制开关取消巡航控制时，巡航控制系统会立即解除巡航状态。

8 倒车防撞雷达

能帮助您泊车、倒车时判断看不见的障碍物距离的"眼睛"——倒车防撞雷达。

您驾驶的汽车可能安装了倒车防撞雷达，也叫"泊车辅助装置"，这种装置是汽车泊车或者倒车时的安全辅助装置，由超声波传感器（俗称探头）、控制器和显示器（或蜂鸣器）等部分组成。能以声音或者更为直观的显示告知您车周围障碍物的情况，解决您在泊车、倒车和起步时需要前后左右探视所引起的困扰，并可帮助您扫除视野盲区和视线模糊的缺陷，提高驾驶的安全性。

您驾驶的汽车挂入倒挡时，倒车防撞雷达会自动开始工作，测距范围为0.2~1.8m。当雷达探头侦测到后方物体时，蜂鸣器发出警示，不停地提醒距后面物体还有多少距离。继续倒车，警报声音的频率会逐渐加快，最后蜂鸣器变为长鸣音，这是提醒您车

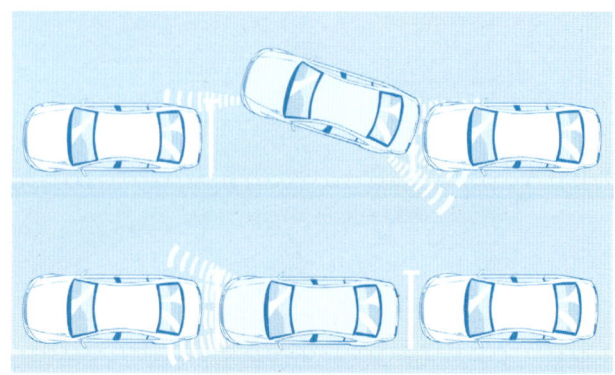

倒车防撞雷达

后端已靠近障碍物并到达危险距离,要及时停车。虽然倒车雷达给您带来很多方便,但不能过分依赖它,因为雷达也有盲区,在以下这几种情况下,雷达是不会做出反应的。

(1)低于探头中心10~15cm的过于低矮的障碍物,探头就有可能会侦测不到,而且障碍物距离车尾越近,这一高度值也会随之降低,危险性也随之增大。

(2)由于雷达探头发射的声波信号较窄,在探测较细的障碍物时存在较大的盲区,如道路上一些用来阻隔车辆的隔离桩、电线杆上的斜拉钢缆,都是危险障碍物。

(3)雷达探头是用来探测障碍物的,对车后的沟坎,是绝对不会做出反应的,千万不要依赖雷达来判断与后方沟坎的距离。

第 2 章　与人友好的安全驾驶

您知道如何才能做到与人友好的驾驶吗?

在今天的"汽车社会"里,越来越多的人开始用汽车作为代步工具。路上的汽车数量在迅猛增长,安全驾驶时刻都不能忘记,这就对我们的驾驶技术提出了更高的要求。可遗憾的是,现实生活中每年都发生许多交通事故。这些事故不但造成人员受伤,更是夺走了许多人宝贵的生命。创造一个安全、文明、和谐的交通环境,需要驾驶人与他人友好的安全驾驶,这也是每一个社会人的愿望。

1 爱惜生命

您在驾驶汽车时一定要敬畏最宝贵的生命。

生命是无价的。可现实生活中总有人在交通事故中失去宝贵的生命。试想一下,如果我们的家人或我们自己遇到交通事故,我们会陷入怎样的痛苦呢?如果我们对通行的人都像对待自己的亲人一样,多一些关心和体贴,那么交通事故一定会大大减少。交通事故不仅会给受害者带来伤害,还会给受害者的家人带来很大的不幸,驾驶人也必然受到处罚。因此请您在驾车时牢记:为了自己和他人的生命安全,注意安全驾驶。

两手托心

2　关爱礼让

您在驾驶汽车时要时刻想着关爱礼让。

道路交通法规，是为了保障所有人能安全顺畅地通行而制定的最基本的限制。但在实际驾驶活动中，还会出现许多仅靠交通法规无法解决的问题。法规没有规定的解决办法，要靠人们相互关心和互相谦让的自觉行为才能解决，这些行为包括安全、文明、关爱、礼让。请您在驾车时，关爱他人、文明礼让，时刻不忘与人友好的安全驾驶。

在路口伸手示意，让行人先过

3 了解自己

驾驶汽车在道路上最可贵的行为是有自知之明。

您在驾驶汽车时,最可贵的是要了解自己的驾驶水平,对自己的驾驶能力有自知之明。可能您在刚刚获得驾驶执照后,开始还能谨慎驾驶。过了一段时间后,您就会觉得自己的技术已经熟练,胆子也开始变大,驾驶也就不再谨慎了,这是多数人的通病。行车需谨慎,绝不可疏忽大意。安全文明驾车,时刻保持冷静的头脑,是避免发生事故的关键。集中注意力、仔细观察和提前预防,永远是驾车人的座右铭。请您千万不要大意,要有自知之明,正确认识自己的驾车能力,保持小心谨慎地驾驶习惯。

驾车时胳膊搭在车窗上,表现出很得意的样子

4 心态良好

您驾驶汽车遇到不愉快的事情时,要保持心态良好。

保持良好的身心状态,能避免很多意外的发生。很多人在驾车时遇到其他人的违法和不文明行为、道路拥堵不堪的情况,往往心态不好,容易发火,患上"路怒症"。另外,身体不适或心情欠佳时,由于不平静,往往会分散注意力,安全驾驶所必需的识别、判断和操作能力会降低,非常容易引发交通事故。请您平时一定要注意调节情绪,保持良好的身心状态,谨慎驾驶,文明出行。

前方一辆车加塞,表现出非常气愤的样子

5 保持冷静

他人的违法和无理行为对您造成威胁时要保持冷静。

驾车的时候，遇到不顺心的事要保持冷静的心态，理智地对待其他人的违法和无理行为。驾车时往往由于不了解他人的心情，发生冲突时容易失去自制力，以自我为中心的行动意识往往变得很强。

驾车时的着急、焦虑心理，是一种很危险的心态。驾车时虽然时间充裕，但却频繁地超车、加速或改变汽车的行驶路线，这种行为可以说是由着急、焦虑的心理引起的。驾车时一旦陷入这种心理状态，就会认为前方汽车开得太慢，因而不顾其他汽车的通行条件，进行违法驾驶、危险驾驶。

两个驾驶人分别从车窗伸出头对喊

驾车时的愤怒心理，在拥堵路段最容易产生。当交通阻塞，道路不如自己所希望的那样顺畅时，便开始出现烦躁、焦虑的情绪，随着堵塞时间的增加，焦虑感随之加深。即使对一点小事，也会感到愤怒，甚至鸣喇叭或超车。如果这种心理状态继续发展，就容易出现攻击性的驾驶行为，这是很危险的。

第2章　与人友好的安全驾驶

驾车时频繁超车

　　驾车时以自我为中心的心理，是一种不能接受任何约束的不良心理状态。在这种心态的支配下，驾驶人逆反心理占据上风，会变得我行我素，不顾及法律法规的规定。若不能及时调整心态，进而做出有攻击性的动作，会严重威胁道路交通安全。

　　不冷静的心理状态很容易引发交通事故。经常保持冷静的好心态十分必要。当觉察到自己处于某种心理不安状态时，为了使自己的心情恢复到平静状态，最好能用第三者的眼光冷静观察自

在堵车路段拼命按喇叭

己的心情，判断自己是否有焦虑、强行驾驶、兴奋的表现。如果觉察到有以上几种表现，首先要试着转换心情，可试着用深呼吸、与前车保持一定距离、停车休息一会儿等有效的方法来调节情绪，让自己恢复冷静、平和的心态。请您平时就要寻找最适合的转换自己心情的方法，经常保持冷静的心态，谨慎驾驶。

知识链接

驾车时几种常见的不良心理

1. 着急、焦虑心理

虽然时间充裕，但却频繁地超车、加速或改变汽车的行驶路线。这种行为可以说是着急、焦虑的心理引起的。驾车者一旦陷入这种心理状态，就会认为前方汽车开得太慢，因而不顾其他汽车的通行条件，进行违法驾驶，这是很危险的。

2. 愤怒（路怒）心理

当交通阻塞，道路不如自己所希望的那样顺畅时，随着堵塞时间的增长，再加上遇到一些驾驶人违法行车、强行加塞，焦虑感就不断加深。即使对一点小事，也会感到愤怒，甚至鸣喇叭或超车。如果这种心理状态继续发展，就容易出现攻击性的驾驶行为，这是很危险的。

3. 从众心理

行车中看到其他车辆在不断地随意变更车道、闯红灯、加塞、强行超车、占用应急车道、进入拥堵路口、不礼让斑马线上的行人时，驾驶人为了表现自己或发泄不满，存着一种侥幸心理，去做同样的事。这种从众心理促使驾驶人违法、冒险行车。这种行为是十分危险的，容易加剧道路拥堵，引发交通事故。

第 3 章　安全驾驶守则

　　您知道驾车时的任何一次不遵守安全驾驶守则的行为都是非常危险的吗？

　　安全驾驶汽车是一件很不容易做到的事，尤其对于新手而言，仅依靠在驾校学到的知识，还不足以应对复杂的道路情况。要想安全驾驶汽车，让家人放心，就必须掌握基本的安全驾驶守则和行车等知识。另外，有一定驾驶经历的人，也要不断地温习这些知识，让规范的驾驶行为为道路安全保驾护航。每一位驾驶人都要时刻遵守安全驾驶守则，不要成为"马路上的缺德人"。

1 一定要遵守安全行车速度

为了您和他人的生命安全,一生都要遵守安全行车速度。

《中华人民共和国道路交通安全法》对行驶速度规定得非常清楚:"机动车上道路行驶,不得超过限速标志标明的最高时速。在没有限速标志的路段,应当保持安全车速。"《中华人民共和国道路交通安全法实施条例》对速度的规定更加细化,您要认真学习这些规定,绝对不要超过最高限速,并且在每次行车时保持安全车速。

超速危险

您要认识速度与制动距离的关系,速度越快,制动距离和停止距离就越长。一般情况下,汽车以40km和60km的时速行驶时,在紧急制动的情况下,停止距离分别为22m和44m。汽车以40km/h的速度行驶时,假如发现在前方30m处有横穿马路的行人,如果立即紧急制动,勉强可以避免碰撞;然而,汽车速度为60km/h时,即使采取紧急制动,汽车也不能立刻停止,就难以避免碰撞。一旦汽车以120km/h以上的速度行驶并发生事故,几乎就是走向"死亡之路"。所以,请您严格遵守速度限制,根据道路交通的状况,以能够控制的速度行车。

2 转弯时一定要在弯前减速

您驾驶汽车在转弯时避免发生事故的最好做法是弯前减速。

驾驶汽车在弯道上行车时,由于离心力的作用,车体和驾乘人员向弯道外侧偏斜,有可能被甩到道路外侧,发生翻车和侧滑事故。您一定要明白这个道理:汽车转弯时,速度越快、弯道半径越小、车辆重量越大,离心力越大;另外,弯道处视野不良的地方很多,非常危险。

避免汽车转弯时发生危险,关键措施就是严格遵守法律规定和限速标志,在弯道前方就充分减速,进入弯道处原则上保持较低速度行驶,尽量不要在转弯时急刹车。另外,在弯道处不要超车,随时注意对面的车辆,避免在弯道处发生事故。因此,为了避免您驾驶汽车在弯道处撞到保护栏或冲出道路,请在弯道前减速。

高速转弯易冲出道路

3 保护横穿马路行人的安全

您驾驶汽车遇到横穿马路的行人时要确保他们的通行安全。

《中华人民共和国道路交通安全法》规定:"机动车行经人行横道时,应当减速行驶;遇行人正在通过人行横道,应当停车让行。机动车行经没有交通信号的道路时,遇行人横过道路,应当避让。"行人作为弱者,要确保他们在马路上通行的安全,这是法律对生命的尊重。要把行人当作自己的亲人、朋友对待,当他们一时违反了法律和规定,可以批评和指责,驾驶人千万不要一时冲动,让他们用身体伤残或者生命作为违法的代价。

为了避免造成行人横穿马路的事故,确保人行横道上行人的安全,您在遇到行人和自行车在人行横道附近的时候,要以能够在停车线前停止的速度行驶。人行横道附近有停止的车辆时,一定要停车观察,以确认安全。不要在人行横道及附近直行超车和变道超车。在有信号灯的交叉路口左转、右转时,一定要确保横穿马路的行人的安全。儿童、老人有时会做出意想不到的行为,所以无论何时都要以能够控制的速度行驶。您一定要切记,即使是在没有人行横道的地方,也要保护横穿马路行人的安全。

右转弯撞倒过斑马线的行人

4 确保交叉路口通行安全

您驾驶汽车通过交叉路口时要确保通行安全。

交叉路口是一个危险、事故多发的区域,交通信号灯、交通警察都是为了提高路口的通行能力、减少交通事故而设置的。在没有交通管理的路口,事故的发生率是很高的,即便是在交通管理规范的路口,事故也时有发生。在交叉路口多发生迎面相撞、左右转时侧面相撞、左转时的卷带挂倒、追尾等事故。这些事故的发生大都是由一方或双方的违法行为或者是无知引起的,新手易造成这类事故,原因多为不会观察红绿灯、冒险左右转弯、紧急制动、心情紧张等。

您驾驶汽车在通过交叉路口时,要注意以下事项:

(1)通过没有交通管理的交叉路口时,不要抱有优先意识,尽量相互礼让,首先要礼让行人和自行车。进入路口时要慢行或停车观察,以确认左右的安全。

(2)在交叉路口右转时,注意迎面直行而来的车辆。预见迎面直行而来的车背后可能有摩托车、助力车等时,要加倍小心。同时,要注意礼让横穿马路的自行车、行人。

前车在路口紧急制动,后车追尾

（3）在交叉路口左转时，注意不要让卷带挂倒摩托车、自行车和助力车，注意横穿马路的行人和自行车，注意从对面开来的右转车辆。

（4）接近交叉路口的时候，注意前面的汽车，特别要注意前两辆车的动向，注意保持安全的车距。提醒后面的车辆注意时，可分几次踩制动踏板。为了防止追尾事故，要保持适当的车距，建议您在干燥的道路行驶时保持的车间距离至少为速度表中的读数减去15后所得的数字。如：时速为40km时，必须保持的车间距离为25m以上。在雨雪天气，应保持比这个数字更大的车距。

第 4 章　夜间安全行车

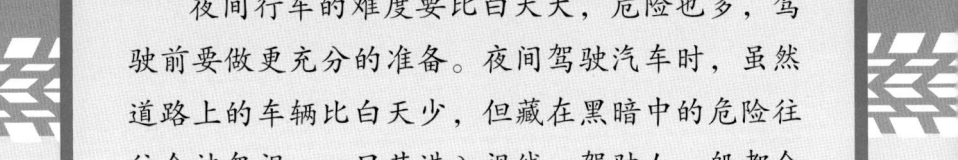

您知道夜间安全驾驶的要点有哪些吗？

夜间行车的难度要比白天大，危险也多，驾驶前要做更充分的准备。夜间驾驶汽车时，虽然道路上的车辆比白天少，但藏在黑暗中的危险往往会被忽视，一旦其进入视线，驾驶人一般都会措手不及，若危险得不到妥善处理，则会使驾乘人员受到致命的伤害。对于一个没有掌握夜间驾驶技术的新手来说，夜间行车时都会感到紧张，在灯光的照射下行车往往心里没底，即便是在驾校学过夜驾，也有部分人因为驾驶技术不过硬或过度紧张，出现既不能正确使用灯光，又不会判断车间距离的情况。因此，正确使用灯光，控制好车速，仔细观察黑暗中的物体，预见可能会出现的危险，对于新手是非常重要的。

1 正确使用灯光

您在夜间驾驶汽车时要按规定使用灯光。

汽车的灯光不是单纯为照明设置的,更重要的是作为光源信号显示自己的存在。夜间驾驶汽车不按规定使用灯光,尤其是会车不关闭远光灯,会使得对面车辆驾驶人因强烈灯光照射造成目眩而无法看清前方道路情况,导致操纵失控,发生碰撞事故。夜间正确地使用灯光,对安全非常重要。

夜间在照明条件良好的路段起步、行驶,使用近光灯;在照明条件差的道路上,车速低于30km/h,使用近光灯,车速超过30km/h,使用远光灯。会车在距对面来车150m以外改用近光灯,若对向车辆不关闭远光灯,可交替使用远、近光灯提示对向车辆;遇对面来车仍不关闭远光灯时,要及时减速靠右侧躲避或停车让行。跟着前车行驶时,不能使用远光灯。风、雪、雨、雾天气夜间行车,使用雾灯或近光灯。

夜间对面车辆不关远光灯,驾驶员看不到路况

夜间通过没有交通信号灯的交叉路口,减速并交替使用远、近光灯示意。在窄路或者窄桥遇自行车交会时,要使用近光灯。夜间发生车辆故障时,要选择安全区域停车,开启危险报警闪光灯、示廓灯和后位灯,按规定设置警告标志。

2 控制车速

您在夜间安全驾驶汽车的关键——控制车速。

夜间驾驶汽车,即使开着前照灯,可视距离也比白天要短得多,看不到黑暗中或者灯光照射以外的危险,一旦发生危险一般都会来不及应对。《中华人民共和国道路交通安全法》规定:"机动车上道路夜间行驶时,应当降低行驶速度。"夜间无论在什么样的道路条件下行车,都要将车速降得比白天低,这是保证夜间安全行车的关键。所以,您在夜间驾驶汽车时,请控制好车速,以便能灵活应对突发情况和危险。

有一行人从黑暗中跑出来,被车辆撞倒

3 保持安全车距

您在夜间驾驶汽车看到前方有车时要保持安全车距。

夜间驾驶汽车看到前方有车时,由于前车的遮挡,驾驶人看不清前车前方和两侧的情况,很难判断该车距是否可以超车。要先减速行驶,与前车保持比白天更大的车距,判断是否具备超车的条件。一般情况下,夜间尽量不要超车,以免黑暗中出现突发情况而措手不及。所以,您夜间驾车遇到前方有车时,请尽量不要超车,保持安全距离跟车行驶。

夜间跟车太近,追尾

4 注意前照灯的前方

您在夜间驾驶汽车时一定要注意灯光以外的危险情况。

夜间行车，前照灯照不到的区域是最危险的地方。夜间路边上会有停靠的车辆、意外障碍物以及没打手电的行人或自行车等，也会有因为道路突然出现急转弯或陡坡而看不到前方的情况。所以，夜间驾车在没有照明条件的道路行驶时，车速应低于30km/h，使用近光灯照明；车速超过30km/h，使用远光灯照明。夜间在市区行驶时，尽量借助路灯照明，把视野扩大到前照灯光照射以外的区域；在没有路灯的街道上行驶时，利用前照灯光并以安全的速度驾驶。请您在夜间行车时，注意前照灯的前方。

夜间挂碰路边停的车

5 不要直视迎面来车的前照灯

您在夜间驾驶汽车遇到开着大灯的迎面来车时,一定不要看对方车灯。

夜间两辆都开着远光灯的车迎面相撞

夜间驾驶汽车时,经常会遇到开着前照灯的迎面来车。当迎面来车靠近时,驾驶人若直视其前照灯,会因强光而突然失去视觉,不能看清前方的障碍物。如果遇到一直开着远光灯的迎面来车,直视对面灯光更是危险,如果不及时减速或避让,那就非常危险了。您在夜间遇到对面来车不关大灯时,请不要直视对方前照灯,对方如果不关远光灯,请及时停车避让。

6 车内尽量不要开灯

您在夜间驾驶汽车行驶中不要打开车内灯光。

夜间驾驶汽车时,眼睛要适应黑暗的环境,才能清楚地观察车灯照亮的前方。若打开车内照明灯,则会使已经适应黑暗环境的眼睛受到车内灯光的影响,难以看清车外环境。车内和车外灯光的交替变化,影响行车时对前方道路情况的观察,容易出现行驶偏差,引发事故。您在夜间驾驶汽车时,请不要打开驾驶室内照明灯。

夜间驾驶车内开灯,驾驶人看不清路况

第 5 章 高速公路上的安全驾驶

您知道怎样才能在高速公路上安全地驾驶汽车吗？

在高速公路上驾驶汽车，看似情况简单，同向行驶无干扰，可内藏的危险却非常大。在高速公路上开车，车速快、情况单一，没有横向干扰，没有对向来车，更不会有低速车、非机动车和行人参与其中，但驾驶起来会比较枯燥，容易使人松懈或瞌睡，存在很大的安全隐患。一旦出现危险，就是车毁人亡的事故。

特别提醒：如果您前一天没休息好或因其他原因感到疲劳时，一定不要驾车上高速公路。在高速公路行车最好是1.5～2h休息一次，当感觉有点疲倦或有睡意时就不要考虑赶路的时间，最好立即到服务区休息一会儿，非常必要时可借用一下紧急停车带，但要设置警告标志。

1 必要的准备和检查

您在驾驶汽车上高速公路前要做的第一件事——准备检查。

您上高速公路驾车前,一定要遵守法律规定,如果您的驾驶证还在实习期内,一定要请一位持相应或者更高准驾车型驾驶证三年以上驾龄的人在一旁陪同。如果您不是新手,但是第一次上高速公路,更要请有驾驶经验的人陪同,否则要比在实习期的新手还危险。对于一个老司机,更要经常提醒自己重温一下相关法律和安全行车知识。如果您计划要驾车上高速公路,请提前进行必要的准备和检查。

在高速公路,车没油了(创意)

在高速公路上可能会因为故障需要停车,因此,请预先在车内准备好停车警告标志、信号灯等装置。另外,一些必要的应急设备、物品和药物也需要准备一些,以备应急时使用。进入高速公路前,要注意交通信息,对交通信息了解不够会使人急躁不安。

为了获得正确的交通信息，请事先收听广播或向高速公路信息中心咨询。

请在出发前做好以下几方面的检查和准备：

检查部位	检查内容
燃油装置	燃油量是否充足？
冷却装置	冷却液是否充足？是否有滴漏？
润滑装置	发动机油、制动液是否充足？
风扇皮带	张紧度是否合适？有无损伤？
转向装置	自由行程是否合适？是否有滴漏？
轮胎	沟纹深度是否合适？

2 通过收费口

您驾驶汽车通过高速公路收费口时要有序排队。

高速公路收费口就像一个瓶颈，是车辆最密集的地方，容易造成拥堵。为了尽快顺利通过高速公路收费口，要根据车流量，提前选择车少的收费口依次通过。当等待的车较多时，不要随意加塞，更不能争道抢行，要有序排队。取卡时要使车身靠近收费亭，车门的窗口正对收费口，避免因距离太远而下车取卡，进而影响收费口的通行效率。如果您的车持有电子标签，可在30km的时速内不停车直接通过ETC专用车道的收费口。当您领到通行卡后，要妥善收存，以备出口时还卡和缴纳通行费用。

车辆在高速公路收费站前排队（创意）

3 进入主行车道

您驾驶汽车进入高速公路主行车道前要充分加速。

进入收费站后，一般在三角交会地带都会有标志指引匝道通向的地方，您要根据自己的目的地选择相应的匝道，进入匝道后就不能再停车、倒车和掉头了。匝道的尽头是加速车道，进入加

在高速公路匝道处选择入口

速车道后,要开启左转向灯,迅速提高车速到60km/h以上,同时选择驶入行车道的时机,在加速车道上不能超车、减速或停车。从高速公路停车场、服务区进入主行车道前,也要在加速车道上提速。若有汽车在主行车道上行驶,则不得妨碍其通行。另外,在进入主行车道前请注意观察车速表,充分加速后再进入车流。

4 注意其他车辆的动向

您驾驶汽车在高速公路行车时要注意其他车辆的动向。

在高速公路行车,要时刻注意两侧和前方行驶车辆的动向,保持规定车速,在车流中以稳定的速度行驶,尤其不要忽视观察前2、3辆汽车的动向,并保持较大的车距,这样最不容易产生疲倦。在高速公路上要少超车,若见车就超或被超过后就立即提速,容易使人疲倦而且非常危险。

在高速公路超车发生刮碰

5 保持较大的车距

您驾驶汽车在高速公路行车时,避免相撞的唯一办法就是保持距离。

《中华人民共和国道路交通安全法实施条例》规定:机动车在高速公路上行驶,车速超过100km/h时,应当与同车道前车保持100m以上的距离,车速低于100km/h时,与同车道前车距离可以适当缩短,但最小距离不得少于50m。遇有雾、雨、雪、沙尘、冰雹等低能见度气象条件,能见度小于200m时,车速不得超过60km/h,与同车道前车保持100m以上的距离;能见度小于100m时,车速不得超过40km/h,与同车道前车保持50m以上的距离;能见度小于50m时,车速不得超过20km/h,并从最近的出口尽快驶离高速公路。

在高速公路上,很多人跟车不保持安全距离,盲目驾车高速行驶,甚至超速行驶,带来了数不清的灾难,在高速公路驾车时因为漫不经心或东张西望而导致的撞车事故多有发生。为了防止在高速公路上发生事故,请集中注意力并与前车保持充分的车距,这样即使前车紧急制动也可以避免相撞。

在高速公路雨天没有保持安全距离易发生追尾事故

6 不要忽视车距确认路段

您在高速公路上驾驶汽车时判断行车间距的好帮手——车距确认路段。

高速公路上每隔一段距离，都会专门设有为您确认行车间距的行驶路段，每一个标志牌的间隔距离为50m，这一路段可检验100km/h车速下与前车的行车间距。在高速公路上行车，千万不要忽视确认行车间距路段的作用。由于长时间高速行车，人对速度反应迟钝，很难准确判断与前车的距离，遇到前车突然减速或变道时经常会发生追尾或刮碰事故。因此，经常确认与前车的距离很重要，确认行车间距路段可以不断地提醒您注意与前车的距离，解决车距判断不准的问题，帮助您准确地进行车距判断。

高速公路车距确认路段

7 超车要提前变换车道

您驾驶汽车在高速公路超车时要提前变换车道。

在高速公路发现前车的速度与您的车速差距太大时,就需要尽快地变换车道行驶。在高速公路上变换车道时,不注意前、后方车辆的动向,超车前、后急转向,都是引发交通事故的主要原因。因此,变换车道前,首先要确认前方和后方没有车辆需要超车变换车道,然后开启转向灯,稍等一会,注意观察前方车辆,再缓缓变更车道。要回到原车道时,先利用后视镜等确认与被超车辆之间的距离已满足超车条件,再开启转向灯,慢慢转动方向盘返回。切记,在高速路上变换车道时,如果像在一般道路上那样转方向盘的话,是十分危险的,请您注意避免急转向。

在高速公路超车后刮碰

8 经过路口时注意躲避车辆

您驾驶汽车路过收费口、停车场、服务区时要注意躲避车辆。

驾驶汽车在主车道上经过出入高速公路收费口、停车场出口、高速公路服务区出口时，若发现有车进入主行车道，要注意观察后方车辆的动向，确认无妨碍后向左变换车道。为了躲避正进入主行车道的汽车而急刹车或减速时，如果后续车辆没有保持充足的车距，就会导致撞车等事故的发生。请您多加注意，避免急转向、急刹车。

进入高速公路行车道与正常行驶的车辆相撞

9 遇到横风的正确控制

您驾驶汽车在高速公路遇到横风时,要正确控制速度、方向。

驾驶汽车在高速公路上的很多地方会遇到横风的干扰,跨江、河、湖、海大桥以及山口和隧道口,都是横风最多的地方,如果遇到大风天气就更加明显。高速公路上因横风引发的交通事故很多。大都是因为驾驶人在受到横风的惊吓后,会不由自主地急刹车或急转方向。驾驶汽车要特别注意的是,在桥上、山道上以及隧道口处受到强烈的横风时,不要惊慌失措,首先要控制住速度,将脚移离加速踏板以降低车速;其次要握紧方向盘,沉着地操作,控制行驶方向。尤其是车顶较高的车辆,抵抗横风的能力较弱,您更要特别注意安全。

遇到横风,车辆失控发生事故

10 浓雾天气行车安全

您驾驶汽车在高速公路遇到浓雾停车躲避时要从右侧下车。

在高速公路上行驶遇到浓雾天气时,能见度会降低,不管是突然停车还是突然加速都是很危险的。高速公路起雾时,要打开雾灯和前照灯的近光,减速行驶。

雾天高速公路行车,人从左侧下车被撞

当雾变浓时,不能继续行驶,应尽快暂停到附近的停车场,等雾散后再上高速公路。大雾天在高速公路行驶的车辆出现故障或遇事故不能继续行驶时,车上人员一定要迅速从右侧车门下车,站到护栏以外安全的地方。很多在雾天发生的二次事故,都是因为驾乘人员从左侧下车躲避不及造成的。请您不要在浓雾中勉强行车,如果汽车不能继续行驶,不管您坐的位置在车的哪一侧,都要从右侧下车。

11 大雨天气避免"水滑"现象

您驾驶汽车在高速公路遇到大雨天气时,要注意避免"水滑"现象。

大雨天气易造成高速公路路面积水,如果继续高速行驶,轮胎不能把水排开,车辆非常容易在水膜上面漂浮打滑,这称为"水滑"现象。如果发生"水滑"现象,方向的操作就会失控,刹车和方向盘就会完全失灵。因此,遇大雨时要减速、避开易积水的凹地,靠左(右)行驶,特别是在弯道和斜坡的地段更要降低车速。一旦发生"水滑"现象,两手要紧握方向盘,缓抬加速踏板减速,冷静地等待轮胎与地面的摩擦作用恢复。另外,高速行驶溅起的水雾会遮挡您和其他驾驶人的视线,影响正常行驶,甚至会因视线受阻发生事故。当您在高速公路行车时,您一定要减速行驶,千万不要转向和使用制动减速。若慌张地转向、紧急制动,则更加危险。

高速公路行车,发生"水滑"现象

12 冬季行车注意积雪路面

冬季您驾驶汽车在高速公路上行驶一定要注意积雪路面。

冬季雪天，高速公路上的积雪达到一定的厚度，高速公路入口就会关闭。如果您在行驶途中遇到大雪天气，应根据积雪的情况做好防范，进行安全的选择。高速公路冬季由于积雪影响经常发生交通事故，即使在没有积雪的地方，如高架桥、山阴、隧道出入口等地，也常因雪水融化后结冰而存在安全隐患。冬季多雪季节进入高速公路行车，要随时注意路标及信息牌，遵守通行规则。当大雪将路面全部覆盖时，要尽快通过就近的出口离开高速公路。

高速公路行车，雪天侧滑碰撞护栏

13 发生事故、故障时要确保安全

您驾驶汽车在高速公路上因故不能继续行驶时，要做好安全保护。

《中华人民共和国道路交通安全法》规定：机动车在高速公路上发生故障，需要停车排除故障时，驾驶人应当立即开启危险报警闪光灯，将机动车移至不妨碍交通的地方停放；难以移动的，应当持续开启危险报警闪光灯，并采取在来车方向150m以外设置警告标志等措施扩大示警距离，车上人员应当迅速转移到右侧路肩上或者应急车道内，并且迅速报警。因事故、车辆故障，对驾乘人员没有采取安全保护，在高速公路上行走或修车时被撞的事故有很多。当您遇到事故和车辆故障而不能继续行驶时，车上人员不能留在车内，必须退到护栏以外等安全场所等待救援，要尽可能将损失降到最低，决不能造成二次事故或更大的损失。

高速公路发生事故，人到护栏以外

14 驶出高速公路要走减速车道

您驾驶汽车驶出高速公路时必须要经过减速车道。

您的高速公路行程预计要结束时,就要提前注意目的地出口的提示标志。高速公路的出口前2km、1km、500m及出口处都设有下一出口的预告标志。行驶到距出口2km预告标志后,如果您在左侧车道上行驶,就要逐渐变换到最右侧行车道行驶。在距出口500m时,打开右转向灯,适当调整车速,逐渐平顺地从减速车道口的始端驶入减速车道,通过减速车道进入出口匝道。不经减速车道,直接进入匝道,会影响其他车辆行驶,易引发交通事故。如果走过了出口,您只能继续向前行驶至立体交叉桥掉头,或者在下一出口驶离高速公路。严禁紧急制动、停车、倒车、掉头、逆行以及穿越中心隔离带供紧急情况使用的缺口。

驶出高速公路要经过减速车道

第 6 章　预测危险驾驶

您驾驶汽车时能做到提前预测危险吗?

交通事故多是因为驾驶人对危险的认识不够,或者已经认识到了危险,但在判断时有失误。对于新手来说,他们既没有驾驶经验,又没有自我保护能力,更不能预测危险。当危险来到眼前都不畏惧,只是盲目"勇敢"地驾驶,是十分危险的行为。提高预测危险的能力,做出正确的判断,是安全驾驶的一个重要方面。学会提前预测危险,可以最大限度地避免交通事故。

1 防范驾驶

您在驾驶汽车时要能够意识到潜在的危险,做到防范驾驶。

驾驶汽车时,能意识到潜在的危险叫防范驾驶,存有侥幸心理的叫主观驾驶。防范驾驶能避免很多事故的发生,主观驾驶则容易引发事故。防范驾驶的核心就是要警惕看不见的危险,看不见的危险不一定是不存在的。预测危险就是要准确地捕捉信息,观察事物的存在,预测对方的动向。例如:前方停有一辆公交车,不能只意识到公交车的存在,要预测到有可能会有行人从公交车后面走出来,这可以说是防止交通事故的一个必不可少的预判。没看见行人就认为没有行人,然后直接驶过去,是很危险的。没看见不一定不存在,要意识到车辆、障碍物的后面有可能会突然跑出行人。

绿灯亮的路口,行人横穿马路,被轿车撞飞

预测危险,首先要学会在驾驶中准确地捕捉信息,用眼睛、耳朵不断注意前后左右的情况,以避免操作错误或延误。其次,能够观察事物的存在,要观察行人及其他车辆的存在,然后判断是否有危险;有时物体被挡住看不到,也要进行预判,平时尽可能多地获取这方面的知识,以用来防范行驶中的危险。正确预测对方的动向,可通过对方的身体方向、眼神、动作等方面进行判断,预测对方将会做出什么动作,这样即使其出现意外的动作,驾驶人也可以采取有效灵活的应对措施。

路边一行人准备横穿马路,轿车停车

2 观察死角和预测

您在驾驶汽车时对驾驶的死角要注意观察和预测。

驾驶汽车行驶在实际的道路上,经常会遇到一些观察死角,这时要按照"没看见不一定不存在"的原则来判断死角可能会出现什么样的危险。

两侧都有停车的情况,要预测停车两侧都形成的死角,必须对两侧都进行观察,这比单侧停车情况下的观察要难得多。在两侧有车的情况下,连续停车时的死角范围相比单独停车时有所扩大,要预测经常会有人在停车空隙间横穿马路。

儿童个子矮,经常会被汽车或障碍物遮挡,即便是小客车也容易形成死角。另外,儿童步行速度慢,死角存在的时间会延长。在两侧都停有汽车的路段或居民小区行车时,一定要预测儿童的存在,随时做好停车避让的准备。

交叉路口处有很多死角,尤其是有建筑物遮挡的路口形成的死角,更要对其进行预测和正确的判断,要预测死角里有车辆或

两边停着车,看不到被遮挡的部分

路边停着车,只能看到儿童的帽尖

行人的存在,如果只注意到了从左边过来的汽车,却未发现从右边过来的摩托车,再发现时,为时已晚。

转弯处的死角范围较大,在同一转弯处,根据有无障碍物,死角的范围会不同。一般情况下,有障碍物的转弯处死角的范围会更大。要预测转弯处的死角里可能存在车辆、行人或其他动态,并提前做好出现突然情况的准备。

街道路口,冲出一辆摩托车,其他车辆紧急制动

3 不要变"熟练驾驶"为"主观驾驶"

您在驾驶汽车时不要变"熟练驾驶"为"主观驾驶"。

新手虽持有驾照,但在技术不过硬、经验还不足时,常带着一种紧张、怕出事故的心情来驾驶,时刻担心"可能会……吧";一旦熟练驾驶,有时在不知不觉中会变为主观驾驶。

因此,熟练驾驶既有积极的一面,又有消极的一面。积极的一面是驾驶人可以根据经验很容易地预知危险;消极的一面是熟练驾驶一旦变成主观驾驶,容易出现一些基本的操作失误。

生活区、学校等地方,附近的道路一般都比较狭窄,这样的道路是为了行人的方便而建设的。经常会有孩子在路上急速穿过或是老年人缓慢地横穿马路。对于生活区的道路，由于路面狭窄、人行道少，一般时速限制在30km以内，而且很多地方只允许单向通行。驾驶时要先观察所在道路的环境，以便调整自己的驾车状态，漫不经心地主观驾驶是很危险的。

进入单向行驶车道，对面有来车，堵住了

驾驶员伸拇指，曲线行驶

第 7 章　身体机能与驾驶操作

　　您知道身体机能对驾驶操作有哪些影响吗？

　　您虽然怀有安全驾驶的初衷，但如果身体机能低下，捕捉不到对驾驶有必要的信息，造成错误判断，就可能会导致意想不到的后果。对于驾驶汽车的老年人和年轻人来说，由于二者年龄、身体状况、接受能力和驾驶经验各不相同，因而具有各不相同的驾驶特点。

1 视力的影响因素

您在驾驶汽车时获取交通信息主要靠视力。

您在驾驶汽车时90%的信息要靠视觉来获取，视力对于驾驶汽车来说是至关重要的。一个人的视力分为静止视力和动态视力，其观察能力各不相同。动态视力是眼睛观察移动目标的能力，在驾驶时通常表现为自己在动，对方也在动，即双方都在运动的情况下眼睛感知影像的能力。与通常的视力检查所测定的静止时的视力相比，动态视力要低得多。在移动的情况下，注视的视线会变短，注意力分散，容易看漏或看错，速度越快，这种倾向就越大。而且可以说由驾驶带来的疲劳很明显地表现为神经的疲劳，这些对动态视力的影响非常大。

速度变化，视野变化

《中华人民共和国机动车驾驶证申领和使用规定》对视力的要求：申请大型客车、牵引车、城市公交车、中型客车、大型货车、无轨电车或者有轨电车准驾车型的，两眼裸视力或者矫正视力达到对数视力表5.0以上。申请其他准驾车型的，两眼裸视力或者矫正视力达到对数视力表4.9以上，无红绿色盲。

2 视野的影响因素

视野是在您头部不动时，两眼可以看到的范围。

静止状态下，头部不动，眼球转动所看到的范围称为静视野，一般为180°左右；在180°的视野中，只有60°的范围是两眼能同时看到的，称为复合视野，人的注意力大多集中在复合视野中。运动状态下，景物迅速地向后方移动，注视的焦点前移，复合视野的范围变窄，称为动视野；运动速度越快，动视野范围越小，以至于发生"隧道视"，即视野由60°收拢到注视点周围，只有3°~5°。随着动视野变窄，捕捉信息的能力随之下降，预测危险的能力也随之下降。

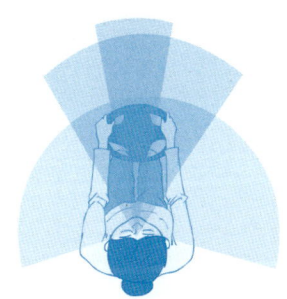

头不动，看到的视野

驾驶时视线被车的四柱遮挡的部分

一般情况下，视野的范围随着年龄的增大，下降幅度也增大。影响视野的因素还有视觉盲区（即物体虽然在视野范围之内，但由于汽车车身的结构遮挡了驾驶人的视线，致使有些地方驾驶人无法看到）以及直接视野和间接视野（从风窗玻璃看到的范围是直接视野，从后视镜所看到的范围是间接视野）之间转换的时间差等。在驾驶过程中，要根据需要转动头部和眼球，使用注意视点观察视野范围内的必要情况，并在注视前方情况的同时，利用视野的其余部分，即所谓的"眼角余光"捕捉道路两侧的有关信息，及时发现闯入视野之内的障碍物。

3 亮度差（对比度）与视力

您在黄昏时段驾驶汽车时影响视力的是亮度差。

您用肉眼观察判断物体时，观察对象的明亮度以及观察对象和周围环境之间的亮度差有着重要的作用。驾驶汽车时，遇见亮度差比较小的物体（如：黄昏时穿着暗色服装的行人、黑色或深灰色的汽车、深色的障碍物等）的机会比较多，视力差的人很难看得清楚，发生危险的概率较大。因此，分辨亮度差的能力在驾驶中非常重要，与年轻人相比，年龄大的人分辨亮度差较小的物体会更难。

黄昏时穿着暗色服装的行人、黑色或深灰色的汽车，亮度差小

4 适应与目眩

您驾驶汽车从亮处进入暗处或从暗处进入亮处都需要适应。

适应就是眼睛习惯了光线和明暗度。人从亮处突然进入暗处或从暗处突然进入亮处，眼睛都要有一个适应的过程。您驾驶汽车进入黑暗的隧道后，以及再从隧道出来进入明亮的地方，眼睛都需要适应，在眼睛适应之前，必须小心驾驶，尤其要减慢车速。与年轻人相比，年龄大的人适应能力一般比较弱，光线的强度一变就很难看清楚了。

在明亮的地方很容易看见物体，在夜间以及黑暗的地方就很难看清楚了，黄昏和黎明驾驶汽车时这种情景非常明显，一般越是高龄者，越难以看清楚物体。在夜间，如果眼睛直视从对面汽车射过来的灯光，则会因为太刺眼而在一瞬间"失去视力"，这称为目眩。从目眩到恢复原来的视力，一般需要3~10s的时间，年龄大的人更容易陷入目眩状态。

在隧道口光线刺眼

夜间对面来车的灯光刺眼

5 反射性动作

您在驾驶汽车时要根据自己的生理年龄来评价反射性。

单纯参考反应时间（如：驾驶人觉察到危险后踩刹车，到刹车开始起作用前的那段时间）观察反射性动作的快慢，一般随着年龄的增长，反应时间有逐渐变长（变慢）的倾向，个体之间的差别也越来越大。而且，伴随着年龄的增加，捕捉信息、判断信息、操作驾驶的"选择反应时间"也变长了。随着年龄的增加，有的人意识到自己的反应能力降低了，即使在平时经常行驶的道路和交通流量比较少的道路上驾驶，也会有一些紧张感。

如果不注意捕捉信息，并进行正确的选择、判断和操作，就不能保证安全行驶。随着年龄的增大，动作的准确率随之降低。交通管理部门对错误的反应（错误反应）概率的统计数据表明：60岁时的错误反应概率是30岁时的1.7倍。70多岁时的错误反应概率是30岁时的2.2倍。

老年人驾车反应慢，追尾前方一年轻人的车

6 老年人的驾驶特点

老年人驾驶汽车时一定要充分了解自己的驾驶特点。

老年驾驶人成为交通事故中受害者的倾向在不断地增加,老年人的小心驾驶,从客观看来,并不一定是安全驾驶,其中存在事故多发的倾向。老年人的听力、视力、反应、动作的灵敏度等都相对迟缓,对道路情况的判断、紧急情况的处置能力较差。老年人疲劳时,恢复能力处于下降状态,注意力的分配以及集中能力处于下降状态,瞬间判断能力下降,倾向于根据过去的经验来进行驾驶,这都是引发事故的原因。老年驾驶人多出现由刹车操作等不当、交叉路口迎面相撞以及右转弯不当、违反暂时停车而抢行、没有看到对方等引起的事故。如果您是老年驾驶人,要格外小心,驾车时一定要注意自己的特点,不可盲目自信,时刻谨记安全第一。

老年人驾车反应慢,右转弯将一行人刮倒

7 年轻人的驾驶态度和倾向性

年轻人驾驶汽车时要注意端正自己的驾驶态度,避免不良的倾向性。

尽管年轻人的身体机能、运动神经、感觉机能等非常好,但引发事故的概率却非常高。年轻人常见的驾驶态度倾向表现为攻击式的驾驶、自私的驾驶、冲动的驾驶、自我表现的驾驶、自我陶醉过分自信的驾驶。多发由超速、注意力不集中、随意变更车道和超车、不使用安全带等引发的事故。

年轻的驾车新手一般都坚信自己的判断和行动是正确的,对于妨碍自己行动的障碍物,有一种想把它排除的倾向,往往表现出攻击式的驾驶态度。行车中,一旦遇到已经被超越的其他车辆超越自己时,就会猛烈加速再次超车。遇到其他车辆的不礼貌或违法行为时,会难以忍耐,甚至采取极端的危险行为。这些行为可以反映出在年轻的驾驶人中,感情用事者比较多。

年轻人从驾驶室探头,面对一辆加塞车高喊

自私的驾驶态度在年轻的驾车新手中较常见，表现为以自我为中心，认为道路上的情况是一成不变的，所有的动态都不会出现异常。他们常把行人和非机动车当作固定障碍物来处理，且无视从交叉道路过来的车辆。一些年轻的驾车新手，认为自己的车后贴了实习标志，其他车辆都会离他远一点，来往的车辆都会让行，即便是紧急制动也不会发生追尾事故。在道路上变更车道时，根本不考虑其他车的存在，随意而变。这些行为只会导致交通事故经常降临。

年轻的新手驾车很容易冲动，有时会很难控制自己的情绪。行车中，冲动的情绪导致不知不觉中就超速行驶；对前方的车辆会不经过冷静地确认、判断，就匆匆忙忙地超车行驶；在路口等信号灯以及前面遇到慢慢腾腾行驶的车辆，会情绪急躁，出言不逊，甚至会引起口角，直至大打出手。在年轻的新手中可以看到很多人有这类驾驶态度，这种冲动的驾驶态度会给行车带来很大的危险。

年轻人刚刚拿到驾驶证后，无论他在驾校学得怎样，是否具备安全驾驶的能力，往往会自以为是。部分人有了驾驶证就觉得自己能合法地驾车上路，但对这种合法性有多少合格的成分根本不了解。在一知半解的情况下驾车上路，盲目地表现出各种随意

年轻人驾驶轿车变道，
将另一辆车刮翻

两辆轿车并行，两个年轻人从
驾驶室对喊

性，经常炫耀自己的驾车技术，以吸引那些驾驶能力较低的人的注意。像这种不注意交通安全的自我表现式驾驶行为是非常危险的。

刚刚驾车上路的年轻新手，往往会表现出自我陶醉、过分自信的驾驶态度。离开教练员的指导，在单独驾驶汽车的成就感和自我陶醉中，表现出各种幼稚的不安全行为。受"速度的快感""在拐弯处试验一下自己的驾驶能力"等危险驾驶的诱惑，过于自信自己的驾驶能力，盲目地进行体验，实际上是一种冒险的做法，危险的事故就会时刻伴随在左右。

年轻人驾车不系安全带，洋洋得意

年轻人驾车上高速急转弯，碰在红绿灯杆上

8 女性驾车的风险

女性新手要正确评估自己驾驶汽车时的风险因素。

一些女性驾驶人愿意装饰驾驶室，放一些小饰物、香水瓶等，把行李箱当作自己的储藏室、万宝囊，带孩子出行愿意在车内给孩子准备些玩具、不使用儿童安全座椅、让孩子在车内玩耍等。穿高跟鞋、穿拖鞋、穿松糕鞋、穿裙子、穿超低领衫、披长发、戴墨镜、戴首饰等，很多都是影响驾驶安全的行为，事故发生后悔之晚矣。

女性驾驶员在风挡玻璃下摆一毛绒玩具

不安全的驾驶室装饰。

一些女性喜欢把自己心爱的车内部装饰得漂漂亮亮，布置得像家里一样，

女性穿高跟鞋、长裙驾车，后跟被卡，裙子缠腿

这就难免将一些香水瓶、挂件、饰品或毛绒玩具请进了小汽车内。可能谁也不会在意把它们放到什么位置，只要经常能看得见就是一种满足。其实不然，这些小饰物如果放置不当，如在风挡下面摆放过多的毛绒玩具，就会遮挡视线，影响行车安全。车内放置的坚硬物品或玩物，一旦紧急制动或发生交通事故，会对驾乘人员造成伤害，甚至无情地夺去无辜的生命。

不便于驾驶的着装。

女性驾车要特别留意穿什么鞋子，穿高跟鞋、拖鞋、松糕鞋以及限制脚踝活动的靴子驾车，会妨碍踩加速踏板及制动踏板，穿底厚的鞋踩制动踏板及加速踏板时会找不到感觉。适合驾驶的鞋子，是无跟的、中等厚度且有一定弹性的皮鞋、运动鞋、布鞋、胶鞋等，平底鞋是女性驾车时最佳的选择。如果在车内放有供驾驶时穿的鞋子，驾车时换上，下车后再穿上自己喜欢的鞋子就方便多了。切记，换下的鞋不能放在驾驶座位下面或旁边（避免滚至制动踏板下）。

存在安全隐患的随身饰品、发型。

女性都喜欢留美丽飘逸的长发，但迷人的长发会成为行车中的杀手。女性驾车时耷拉下来的长发会遮挡视线，或遇风吹时扰乱视线。留长发的女性，开车前最好将头发固定好，但也不是说只要扎起头发就万事大吉了。如果辫子绑得高，比如高位马尾辫，就可能触到靠枕上，让人开车分心。另外，要避免在能碰到靠枕的位置使用大号的发针、发卡、发夹等。要么辫子绑低一点，要么让头发贴着耳朵，不要让头发飘到前面。

很多爱好时尚的女性喜欢戴帽子或太阳镜驾车，大的帽檐会遮住视线，光线太

女性长发飘逸，追尾前车

女性驾车戴墨镜、长檐帽，发现前车时吃惊的样子

暗时戴太阳镜会造成视觉延迟以致出现判断错误。女性驾车最好不要戴帽子和太阳镜，如果戴帽子，帽子不要遮住视线也不要顶住靠枕；佩戴太阳镜，为了分辨出信号灯颜色，不要选红色或黄色的镜片，要选镜片大的、浅淡色太阳镜。夏天驾车最好不要穿裙子，裙子过长会影响脚的操作动作，如果双腿被裙子缠住，会妨碍操纵加速、离合器和制动踏板，一旦遇到紧急情况不能迅速采取制动措施。穿过短的裙子在上下车、抬腿踩离合或制动踏板时会不雅观。

女性驾车穿短裙，一手握方向盘，一手捂裙，低头下看

第 8 章　冒险的驾驶行为

您知道勇敢和大胆是危害安全驾驶的行为吗?

有人说,新手驾驶汽车上路要勇敢、大胆。这种说法未免偏激。勇敢、大胆是一种冒险的驾驶态度,也是一种危害安全驾驶的行为。很多交通事故都源于冒险或勇敢的驾驶,勇敢和冒险驾驶往往是发生事故的根源。如果您的冒险行为没有导致事故的发生,不能说明您的驾驶技术高超,而应该说其他车辆躲您躲得好。只有谨慎、礼貌、安全驾驶,才是汽车文明社会所提倡的。

1 超速行驶

驾车上路时最危险的行为——超速。

新手驾车上路多数都不能正确地控制速度，遇到条件好的路段会不自觉地超速行驶，早已将法律对速度的规定抛到九霄云外。很多事故都是因为新手超速造成的。新手超速行车容易出现操作失误，一旦遇到险情，往往来不及反应，不能及时将车停住，进而酿成事故。

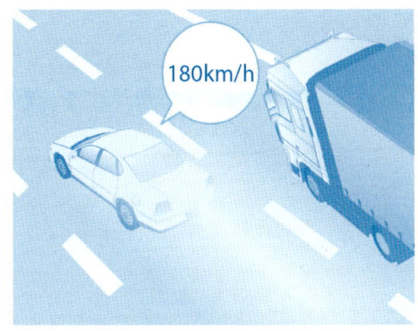

超速行驶的小轿车正在高速公路上飞驰，里程表显示180km/h

超速行驶越多，可能发生的险情也就越多，越背离安全驾驶，事故的后果越严重。超速已经成为道路交通事故的"罪魁祸首"，是道路交通安全的"第一杀手"。超速行驶这一危害安全的驾驶行为，很容易造成碰撞、倾翻等重特大交通事故。

超速行驶的小轿车撞向高速公路的安全护栏，轿车变形严重

2 疲劳驾驶

驾车上路时最容易引发事故的行为——疲劳驾驶。

疲劳驾驶对于新手是非常陌生的,学习驾驶期间没有人会系统地讲这些内容,更不会让您去体验这种感觉。什么状态下是疲劳?疲劳有哪些危害?这对新手来说是一个未知的内容。不少新手就是因为不能判断自己是否疲劳,继续大胆地驾驶而引发事故。

疲劳驾驶的危害性仅次于超速行驶,发生事故的概率非常高。驾车疲劳时易出现判断能力下降、反应迟钝和操作失误增加。疲劳时勉强驾驶,会导致多种交通事故的发生。处于轻微疲劳时,会出现换挡不及时、不准确;处于中度疲劳时,易出现操作动作呆滞,有时甚至会忘记操作;处于重度疲劳时,往往会下意识操作或出现短时间睡眠现象,严重时会使驾驶人失去对车辆的控制能力。

不要在疲劳状态下继续驾车

车翻下了沟,驾驶员还在酣睡

3 酒后驾驶

驾车上路容易构成危害公共安全罪的行为——醉酒驾驶。

新手酒后驾驶的行为至今还是屡禁不止，大多数是因为他们在学习驾驶时没有加强对这部分内容的学习，认识不到酒后驾驶的严重危害，不知道酒后驾驶会构成危害公共安全罪。朋友相聚，只图一时高兴，将法律置之脑后，几杯酒落肚，忘乎所以，大胆地驾驶汽车，造成了很多车毁人亡的悲剧。

酒精对人的大脑既有短时间的刺激作用，使人"假兴奋"，又有麻醉作用，使人"疲劳"、反应迟钝，甚至行为失控。人在饮酒后会因血液中的酒精浓度增高，而出现中枢神经被麻痹，理性、自制力降低、视力下降、视线变窄、注意力不集中、身体平衡感减弱等状况，这时人的运动机能低下。如果在这种状态下驾驶汽车，会出现操纵制动、加速、离合器踏板的反应迟钝、行动迟缓等现象。很可能引发因转弯不够而冲出道路或撞到建筑物上、撞伤过路行人、闯红灯等事故。

驾驶员拿着酒瓶进入驾驶室

车辆撞在楼房上，驾驶员头歪向窗外

4 抢行超车

驾车上路时最容易发生刮碰的行为——抢行超车。

很多新手在道路上超车时,不会去考虑道路条件是否允许,也不顾及其他人的感受,我行我素,随意超车,有的甚至占对向车道抢行超车。超车后也不给被超车辆留出足够的反应时间,疾速驶回原车道,让被超车辆措手不及,这样的行为经常会引发刮碰和追尾事故。

在道路上超车一定要谨慎,尤其是新手驾车更要尽量避免超车。由于超车时一般都会加速,与被超车辆近距离并行,如果在对面有来车时抢行超车,易发生刮碰、倾翻、相撞等交通事故。所以一定要记住:超一次车就会多一次风险。

轿车越过中心黄实线飞速超车,对面远处有一辆来车

轿车超车与对面来车相撞

5 占道行驶

驾车上路时最不道德的行为——占道行驶。

也不知道是什么原因,很多新手在道路上行车分不清哪里是自己驾车走的道路,经常会在高速车道上低速行驶、在低速车道上高速行驶,或占用非机动车道、人行道行车。超车、转弯占用对方车道,长时间轧分道线或在道路中骑轧虚线行驶等行为也很常见。应急车道明明标有禁止占用的提示,仍有车辆大胆地在应急车道行驶、超车。新手上路看似勇敢、大胆的驾驶行为,严重地扰乱了交通秩序,直接影响着道路的畅通。

一辆轿车在应急车道行驶,后方有救护车闪灯

新手驾车上路占道行驶非常普遍,已成为交通拥堵的主要原因之一。让人费解的是,很多新手根本就不清楚道路通行的规定,虽然在驾驶证考试时学过这些内容,可到了实际道路上就傻了眼。

解决这些问题的唯一办法就是再次重温有关知识,明确各行其道的法律规定,根据自己的能力和车速选择合适的行驶车道,千万不要成为造成道路交通拥堵的罪魁祸首。

一辆后面贴有"实习"标识的轿车骑轧车道线,占用两个车道,造成后方车辆拥堵

6 随意停车

驾车上路时最容易引起拥堵的行为——随意停车。

在道路上随便停车的现象随处可以看到,占用应急车道、机动车道、非机动车道、人行道停车已经严重影响了道路的通行,还有人竟然大胆地在路边立有禁止停车的标志下停车。这些让人感到不可思议的做法,多数都是驾驶新手的"杰作"。当被处罚以后才知道随意停车是错误的行为,但往往已经对道路交通造成了不良影响。

新手的停车知识缺失是一个普遍的现象,随意停车这种缺乏公德的行为,归根结底是驾驶员培训与考试不负责任的后果。多数新手都不认识停车的标志标线,也不知道如何安全、规矩地停车,没有基本的网状线、人行横道线上不能停车的常识,只知道停车离路边不能超过30cm,其他就一无所知了。难怪在很多拥堵或堵塞的路段,一般都会看到背着"实习"二字的不规矩停车者。

一辆轿车轧人行横道停车,两侧行人被堵

一辆后面贴有"实习"标识的轿车停在有禁止停车标志的区域内

7 不顾他人的变道

驾车上路最缺德的行为——随意变道。

变更车道不顾及其他车辆和行人,不观察两侧和后方道路的交通情况,不开启转向灯,随意频繁变道、突然强行变道、连续变道,是新手上路驾驶的通病。在正常行驶的车流中勇敢、大胆地穿梭,成为新手感受刺激的一种冲动,这种不顾及他人的违法行为,严重扰乱道路通行秩序,是道路拥堵和刮碰、碰撞事故发生的主要原因。

变更车道是一种需要,不是一种随意,每变更一次车道都会增加一分危险。只有在需要时变更车道才是理智的做法,感受速度和刺激、炫耀车的性能和自我驾驶技术,是非常危险的事情。新手往往不会考虑危险的存在,不去在乎其他人的感受,更不会考虑法律的尊严,只是自我表现和冲动地发泄,最终只能付出生命的代价。

一辆后面贴"实习"标识的轿车不开转向灯,左右变道

一辆后面贴有"实习"标识的轿车,向右变道后,与对面一车辆严重碰撞

8 驾车使用手持电话

驾车上路时最常见的违法行为——使用手持电话。

我国的法律规定，驾驶机动车时不准接听或拨打手持电话。每一个人在学习驾驶时这一条都会背得很熟，学习期间也会遵守得很好。但是，一旦考取了驾驶证，自己单独驾驶时，对自己的约束就不再严格。驾车时接打手持电话、收发短信和微信，成为新手驾车最易出现的错误行为。

边驾车边接打手持电话、收发短信和微信，都会分散驾驶人的注意力，影响正常的驾驶操作和对道路情况的及时处理，尤其是遇到突然或紧急情况时，往往使驾驶人措手不及或出现失误，甚至导致交通事故。新手一般都不会认识到边驾车边使用手持电话的危害性，侥幸地认为危险也不会降临到自己身上。这种不从违法和预防事故的角度来严肃对待问题的行为，往往会使驾驶人付出生命的代价。

一辆轿车里的驾驶人，戴墨镜，使用手持电话

一个使用手持电话的驾驶员驾驶车辆，与对面来车相撞

9 人行横道线前不让行

驾车上路时不尊重生命的行为——不给行人让行。

新手驾车通过路口或有人行横道线的地方，一般不会考虑在人行横道线前减速或停车让行，经常会与人行横道线上通行的行人抢行。另外，大多数新手都不会注意路边设置的注意行人或人行横道的标志，当看到人行横道线时，没有行人通过也就侥幸躲过一难，一旦有行人通过，不是紧急制动，就是不知所措地乱打方向盘，或者直接撞向行人。

人行横道线是为行人横过道路而设置的安全通道，行人有优先通行权。驾车通过人行横道前都需要减速行驶，及时给通过的行人让行，这是对行人生命的尊重。在人行横道线前不让行，或加速行驶，甚至与行人抢行，往往会引发与行人碰撞的事故，最容易受到伤害的是行人。

一辆轿车把人行横道的行人撞飞

一辆轿车右转弯把一个过人行横道的行人轧在车轮下

10 闯红灯

驾车上路时最冒险的行为——闯红灯。

新手闯红灯是一种普遍的现象,可以说每一个新手都会有闯红灯的经历。一般来看,新手闯红灯有五种原因。第一种是在路口看到绿灯亮时,不能提前断定黄灯或红灯亮的时间,怕闯红灯,犹豫不决,在红灯亮时来不及停车而闯红灯。第二种是在路口心情过度紧张,只顾观察过往的车辆和行人,忘记了信号灯。第三种是在路口由于紧张而找不到信号灯,当发现信号灯的位置时为时已晚。第四种是经过路口前没有及时减速,当看到绿灯变成红灯时,已来不及停车。第五种是在路口急急忙忙抢黄灯,造成红灯亮时已不能减速停车。

交叉路口是危险的区域,车辆、行人交织在一起,很容易发生冲突,路口的事故多数是由不遵守信号灯造成的。多数驾驶员只知道"红灯停、绿灯行、黄灯亮时谨慎行",殊不知设置黄灯就是为了清空路口,确保其他方向的车辆和行人有一个安全通过的

一辆轿车在红灯亮时飞速通过路口,导致两侧车辆紧急制动,发生追尾事故

缓冲时间。另外,少数人在通过路口时不能做到自觉守法,更谈不上文明通行,即便是按照路权通行时,也难免由于对方的违法而发生事故。

在交叉路口不按照交通信号灯通行,黄灯亮抢行或闯红灯,不仅破坏了交叉路口的交通秩序,使路口交通阻滞,还会造成车辆和车辆之间、车辆和非机动车或行人之间的碰撞,甚至导致重大恶性交通事故的发生,严重威胁他人和自己的生命财产安全。

红灯亮的路口,有一车辆闯红灯,两侧堵满了车辆

一辆轿车在红灯亮时高速通过路口,将一骑车人撞飞

11 遮挡号牌

驾车上路时最严重的违法行为——遮挡号牌。

新手上路，很容易出现违法驾驶的行为。为了躲避因违法受到的处罚，少数人选择遮挡号牌来逃脱法律的制裁。在各种道路和公路上会看到用光盘、迷彩布、纸张、广告等遮挡号牌的车辆。这些车辆有恃无恐地超速、闯红灯、占用应急车道、随意停车、发生事故后驾车逃逸，严重破坏了交通秩序，时刻威胁着人们的生命财产安全，后患无穷。

行车中故意遮挡号牌，等同于无牌行驶，也可以说是做好了用汽车作为"凶器"去"杀人"的准备，不怕违法犯罪的心理已经形成。在这种心理的支配下，开车上路更加"无法无天"，在道路上横行霸道，没有驾驶道德，造成很多撞车、撞人等恶性交通事故。尤其是肇事后逃逸，给警察查清车辆的身份增加了难度，使部分犯罪分子逃脱法网，给社会造成了极大的危害。

一辆后面贴有"实习"标识、将后方牌照用光盘遮挡的轿车，像一把刀在砍向行人

第 9 章　文明礼让的行为

您知道在道路上驾驶汽车时的最高境界是什么吗？

您在驾驶汽车的过程中考虑过不顾及他人会带来什么样的后果吗？很多驾驶人在遇到人行横道线或在路口右转弯时，不但不给行人或非机动车让道，甚至还鸣喇叭催促、抢行，从不考虑其他人的感受。这就说明，这类人不仅不懂礼让，而且没有品质。交通的文明，来自于在道路上通行的每一个人的自觉，文明礼让是大家在道路上通行时相互之间的一种尊重。您只有尊重别人，才会得到别人对您的尊重，这是做人最起码的品质。依法让行、文明礼让，会从两个境界展示您的品质，依法让行是您必须遵守的底线，文明礼让是您最高境界的展示。您希望自己成为一个什么样的人呢？高尚的人？还是低级趣味的人？这取决于您的境界和对他人的尊重程度。

1 看到"停"字标志要停车

您驾驶汽车遇到"停"字标志必须做到停车观察。

驾驶汽车从支线道路进入干线道路路口时,会经常看到"停"字标志,这个标志是提示您在这个位置必须停车观察,让干线道路上的车辆优先通过。您遇到这种标志时,一定要在停止线前停车,向左转头观察干线车道的车辆通行情况,在不影响其他车辆正常行驶的前提下,进入干线车道。如果您不停车观察,就盲目地通过路口,等待您的可能就是事故或者死亡。

在有"停"字标志的路口,停车向左转头观察左侧情况

2 看到"让"字标志要减速

您驾驶汽车遇到"让"字标志必须做到减速瞭望。

驾驶汽车从支线道路进入干线道路,或者在辅路行驶前方有路口时,会遇到"让"字标志,这个标志是提醒您在这个位置必须减速观察,在不影响其他车辆正常行驶的情况下通行。您遇到这种标志时,一定要在减速让行线前减速,注意观察前方和两侧路口的交通情况，确认安全后通过。在设置这种标志的路口，减速观察是确保安全通行的重要环节，如果不减速直接转弯或直行，您可能会因固执而付出惨痛的代价。

在有"让"字标志的路口，进入路口后的车辆与一辆从左侧过来的汽车严重相撞

3 黄灯亮时不抢行

您驾驶汽车在路口遇到黄灯亮或黄灯闪烁时不得抢行。

首先，您要明确在路口或道路上为什么会设置黄灯，黄灯的作用是什么。很多驾驶员把黄灯作为过渡信号，那就大错特错了。交叉路口设黄灯的目的是等一个方向车辆通行时段结束后，在下一个方向车辆通行前清空路口，避免路口内有滞留或违法通行的车辆，确保路口的通行安全。路口黄灯持续闪烁时，说明路口交通信号解除，车辆要减速或停车观察，安全通行。在有些道路上设置黄灯，是警告驾驶人前方路段是危险路段或有行人、非机动车通行的路口，需要减速或停车观察确认安全。很多驾驶员就是因为缺少这方面的知识而抢黄灯，最终引发交通事故。

第9章 文明礼让的行为

一辆汽车在路口黄灯亮时抢行,与一辆三轮车严重相撞

4 路口右转弯要礼让行人

您驾驶汽车在路口遇到行人过人行横道线时,请注意礼让。

驾驶汽车在路口右转弯时,经常会遇到行人或非机动车通过人行横道线。在这种情况下,文明安全的做法是减速或停车礼让

一辆汽车在路口右转弯,不给行人让路,将一行人刮倒

行人。这一点很多驾驶人是做不到的,往往会鸣喇叭强行通行,甚至与行人或非机动车抢行,因而引发刮碰事故,既耽误时间,又损失金钱,得不偿失。右转弯车辆让行人,这是一种惯例,也是交通文明的重要标志,千万不要因有优先权而放弃了文明礼让,要学会尊重行人,行人也会尊重您。

5　使用喇叭要文明

您驾驶汽车行驶中需要使用喇叭时一定要做到文明。

汽车喇叭是音响信号装置,用于特殊路段提前示警,或在某些紧急状况下的警示。在汽车的行驶过程中,驾驶人可根据需要和规定发出必需的音响信号,警告行人和引起其他车辆注意,保证交通安全,同时还用于催行与传递信号。在我国,法律对喇叭的使用除了规定在禁鸣区任何情况下都不能使用以外,没有详细规定在什么情况下怎样文明地使用汽车喇叭。随意使用喇叭造成

路遇行人过马路时,不可鸣笛催促

了很多的误会和斗殴。文明使用喇叭是一种艺术,更是一种尊重。使用时要注意控制音量、时长和每次按的频率,避免引起其他人的反感,达到了提醒和警示的目的即可。长时间鸣喇叭、连续鸣喇叭、使用高音间喇叭,都会造成声音污染,影响人的身体健康。

> **知识链接**
>
> 常用的几种鸣喇叭的方式和含义(只限于在非禁鸣区或危险情况):按一声"滴"表示提醒"注意";按二声"滴、滴"表示谢意"谢谢";按三声"滴、滴、滴"表示回敬"不客气";连续鸣喇叭,表示警示"您的车有问题(故障)、快停车"。

6 主动避让违法行为

您驾驶汽车遇到其他车辆和行人违法通行时,请主动避让。

违法行为是造成交通事故的罪魁祸首,也是交通拥堵的主要诱因。驾驶汽车在道路上行驶时,即便您非常自觉地遵守法律法规、文明行驶,也难免会遇到各种违法行驶的车辆或行人,干扰您的正常行驶,出现一些您意想不到的危险。文明礼让就是在有优先通行权的情况下,当对方车辆、行人出现违法行为时,能够主动避让,及时给予对方以方便,使双方都做到安全通行。如果您没有避让违法行为的意识,不具备文明礼让良好的心态,就无法躲避对方违法行为的威胁,也就无法避免交通事故。主动避让违法行为,是文明礼让的具体体现。

看到一辆汽车从对面轧实线超车,及时向右躲避

7 在道路上有序通行

道路交通文明的重要标志之一是畅通有序。

道路的畅通和有序,是交通文明的重要标志之一,体现了整个社会交通参与者的文明程度。驾驶人在道路上都能严格遵章守法,有序通行,是道路畅通的基础。道路拥堵不是道路和设施的

一辆汽车停在路中,驾驶人在接打电话,造成后面大量汽车等待

问题,根本原因是驾驶员的违法、不文明、无序通行的驾驶行为,使道路通行状况不断恶化,形成的恶性循环。您驾驶汽车在道路上行驶时,一定要站在安全的高度上,克服驾驶陋习,依法、有序、文明驾驶汽车,为保障道路有序、安全、畅通尽到自己的一份责任。

知识链接

常见的驾驶陋习:
(1)驾车频繁变更车道;
(2)在车辆拥挤的路段加塞;
(3)长时间骑轧虚线行驶;
(4)穿拖鞋或高跟鞋驾驶车辆;
(5)一边驾驶车辆,一边吸烟;
(6)驾车时随地吐痰或口香糖;
(7)随意或长时间鸣喇叭;
(8)会车时开前照灯抢行;
(9)超车后迅速向右转向;
(10)夜间会车不关闭远光灯。

第 10 章　事故现场的急救

您知道在事故现场有哪些措施能挽救受伤者的生命吗？

急救措施是在交通事故的现场为了救护伤员所做的必要的最小限度的急救治疗。驾车时掌握有关急救措施的知识和技能，可以在发生事故的现场迅速、恰当地采取急救措施去挽救受伤者的生命。急救措施有选定适当的场所、事故发生时的报警、现场应急处置和对伤员临时实施的急救措施4项内容。伤员救护有实施急救前的观察、对伤员呼吸的观察、对出血伤员的观察、转移受伤者、伤者的姿势（体位）处理、心肺复苏法（确保呼吸道正常运转，做人工呼吸，胸外按压）、常用止血方法7项内容。

1 选定适当的场所

在事故现场救护伤员要选定适当的场所。

很多交通事故都发生在复杂的交通情况中,就近实施急救措施的场所也有不少不能预测的危险情况。因此,救助受伤者时要迅速选定一个适宜的场所,以便于及时安全地实行急救措施。

选择安全的实施场所有几个要点:

(1)道路外的广场、空地等车辆不通行的地方。

(2)交叉路口、转弯处和坡道以外的地方。

(3)急救车辆容易接近的地方。

(4)在夜间,要选择有照明的地方。

一旦选定安全的场所,应马上使用备放在车上的非常时期停车用的危险警告标志牌,以防发生二次事故。

一辆发生事故的车后放有三角标识

2 事故发生时的报警

发生事故在保护好现场的同时不要忘记报警。

对受伤者来说,最需要的是采取迅速的专业性急救措施获得治疗。因此,在现场快速报警就成了头等大事。事故发生后,在有受伤者的情况下,冷静地掌握现场情况,并正确地拨打急救中心电话(120)、交通事故报警电话(122)。如果发生火灾或车辆变形,还要马上拨打119向消防部门报警。

报警的内容按以下要点进行报告:

(1)事故发生的时间、详细地点(尽可能提供标志性的建筑、商场等)。

(2)事故发生的基本内容(行人和汽车相撞、货车和客车相撞事故等)。

(3)事故现场受伤的人数以及受伤的程度。

(4)车辆是否会因汽油泄露等再次发生危险的情况。

(5)事故现场的交通状况。

(6)报警人的姓名、职务等。

发生事故后,驾驶员在一边打电话报警

3 现场应急处置

发生交通事故时，可能会有人受伤。此时，妥善安排救护的顺序，以及寻求周围人的帮助是很必要的。在实施急救措施的时候，应注意以下几点：

（1）当周围有通行的车辆和行人时，要呼吁他们进行帮助。

（2）伤员需转移场所进行急救时，特别要注意转移的方式，尽量不使受伤者的伤情恶化。

（3）原则上禁止给受伤者吃任何食物，尤其是含有酒精之类的食物是绝对不允许的。

（4）在受伤者有知觉的情况下，最重要的是给予他安慰，使其精神上放松。尤其要注意自己的言行，不要谈及伤者的受伤程度以及交通事故的状况。

（5）要保护好交通事故的现场，禁止在事故现场的周围随意走动，擅自消除一些痕迹等。

4 对伤员临时实施的急救措施

事故现场临时的急救措施主要有心脏复苏法、止血法、包扎等。对伤者采取急救措施时，重要的是确认伤者有无知觉。在伤者无知觉的情况下，寻求其他帮助的同时如果不立刻按步骤采取心脏复活措施的话，就不能挽救受伤者的生命。此外，在伤者有出血的情况下，有必要立刻采取能迅速止血的方法进行抢救。

在救护车到达后，要把临时救护的情况和信息传达给前来救护的人员，让救护人员知道伤者的受伤情况（有无知觉、呼吸状况、能否说话以及行动）、事故发生时的状况、实施了什么样的急救措施、现在处于什么状态等。

5 实施急救前的观察

在实施伤员急救措施前,有必要对伤者的受伤情况进行仔细地观察。试着仔细观察、喊话、直接触摸。无论伤者处于哪一种情况,对其全身进行察看是重要的。要检查清楚是否有立刻治疗的必要。尤其是察看伤者有无知觉、有无正常呼吸、有无血液循环异常的迹象、有无大量出血等情况。对伤者的观察,首先要确认其是否有知觉。在注意周围的交通安全的前提下接近伤者,触摸伤者臂膀周围和膝盖,观察其有无受伤。一边和他喊话说"喂!喂!""没关系吧",一边轻拍受伤者的肩膀,禁止粗鲁地摇动伤者的身体。伤者若对于呼唤没有反应,就要怀疑其知觉上出现问题。要大声喊叫"快来人啊",以寻求帮助。在拨打122寻求帮助的同时,要确保伤者呼吸道的畅通。所谓确保呼吸道畅通,就是要确保空气能够正常地从伤者口和鼻进入,一直畅通到达肺的通道(呼吸道)。如果伤者有知觉,要观察呼吸状况。如果呼吸不太正常的

驾驶人在观察伤者的情况

话，要确保呼吸道畅通。如果呼吸正常，要对负伤者的姿势（体位）进行观察。

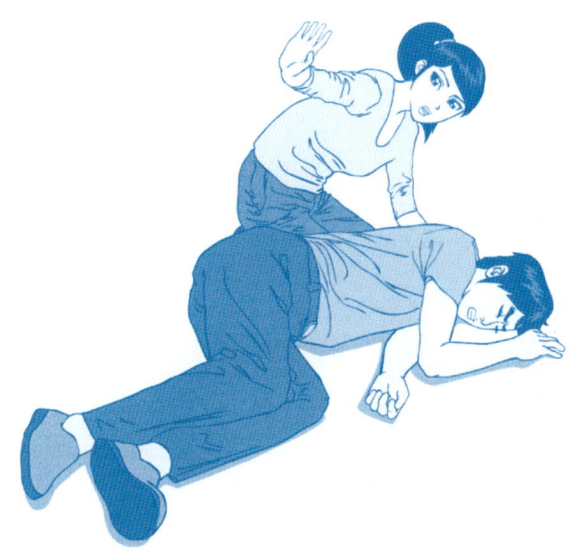

发现伤者对呼唤没有反应，向路人求救

6　对伤员呼吸的观察

在伤员无知觉的情况下，有必要对其呼吸道（空气从口、鼻到达肺的通道）进行观察和判断。用眼睛观察胸和胃周围是否在动，把脸凑近伤员嘴边，用耳朵听其呼吸的声音是否正常，用脸感觉其是否在呼气。在胸部不跳动、听不到呼吸声、感觉不到呼气或者是呼吸程度比较弱等情况下，要考虑可能是呼吸道被阻塞或者是呼吸停止。

进行两次人工呼吸后，要观察受伤者的胸口周围、胃周围是否在跳动，把脸凑近其嘴边，用耳朵听其呼吸声，用脸感觉其是否在呼气。观察其是否在咳嗽。同时观察其身体是否有动静和血液循环状况（有无血液循环的迹象）。如果有血液循环迹象，但感觉伤者仍没有呼吸时，要继续进行人工呼吸。如果看不到血液循环的迹象，则伤者可能是心脏停止了跳动，这时要立刻对其实施包括心脏按压在内的心肺复苏急救。

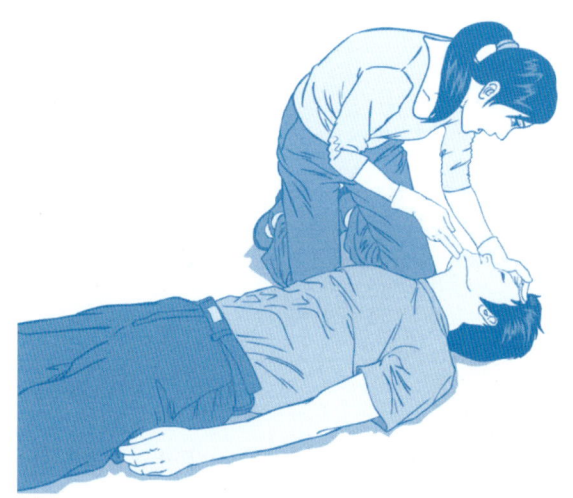

发生事故后，驾驶人观察伤员呼吸

进行两次人工呼吸后，要观察受伤者的胸口周围，把脸凑近其嘴边

血液循环

所谓的血液循环,就是心脏跳动使血液经过心脏、动脉血管、静脉血管、毛细血管进行流动,最后又流回心脏的血液流动循环的过程。进行血液循环的征兆就是呼吸、咳嗽、身体有动静,称为"循环的迹象"。若没有看出以上的征兆,那么就应考虑心脏有可能已停止跳动。

7 对出血伤员的观察

伤员出血分为动脉出血、静脉出血以及毛细血管出血等。如果看到有正在出血的受伤者,首先要观察其出血的部位、出血的性质以及程度等,确认伤口情况,同时也要确认其全身的状况(有关知觉、呼吸、心跳等)。从动脉血管流出的血是鲜红色的,随着动脉的跳动从伤口处非常迅速地喷射出来。而从静脉血管流出的血应是暗红色,是从伤口处冒出来的。动脉血管出血的情况,多数是大出血,必须立刻进行止血治疗。静脉血管出血时,可根据伤口的部位进行包扎。

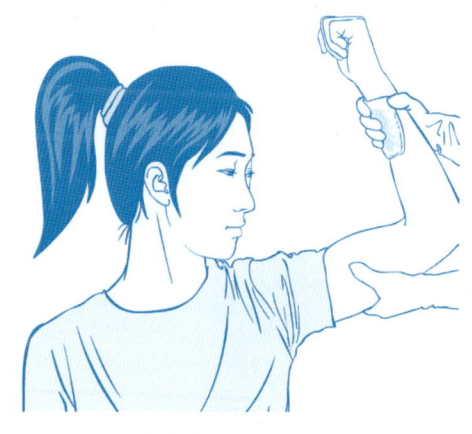

为大出血的伤员止血

8 转移受伤者

交通事故现场一般都在交通要道，如果不及时转移伤员，很容易发生二次事故。有些交通事故中的汽车很可能会被大火包围住。如果有伤者在车内的话，就必须迅速采取措施把他们移到车外安全的地方，以免使伤者的伤情进一步恶化或危及伤者性命。

将伤员从车内向车外移动时，可以使伤者靠近救助者一侧的胳膊搭在救助者的脖子上。救助者一只胳膊绕在负伤者的腰上，另一只胳膊拖着受伤者的膝下部分。平稳地把伤者的身体拉到跟前，抱着移至车外。背着负伤者转移时，救助者应背对着伤者，蹲到伤者的腰部一带，背着伤者。背伤者起来之后，把伤者的两手臂拉到胸前，手臂交叉，抓住其手腕，使之安稳。

从背后拉着伤者进行转移时，让伤者两只手叠放在胸前，救助者就可以腾出另一只手，把手插入伤者的肩下，使其上半身直

将伤员抱出车外

背伤员移动

立起来。在支起上半身的同时,双手从两腋下伸过去,抓住伤者的手臂。把抓着的手臂拉起,使伤者的臀部向上抬起一定程度,用力向后拉,转移地方。也可以抓住伤员的衣服,进行拉动转移。

交通事故的受伤人员伤口大多遍及全身,因此,要尽可能使伤者平稳地移动,这样就会比较安全。尤其是在脊椎(骨髓)损伤的情况下,移动时更要小心慎重。即便是短距离的移动,也要数人合作,并尽可能使用一切可以使用的器材进行移动。移动时不要摇动是很重要的。

合作移动伤员

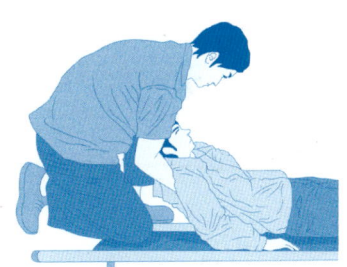

用担架移动伤员

9 伤者的姿势(体位)处理

为了不让伤者的伤势恶化,保持安静是重要的。另外,在等待救护人员到来的期间,伤者处于什么样的姿势也是非常重要的。决定伤者的躺的姿势(体位)的重要因素:确保其呼吸道畅通,不致引起伤者的伤势恶化;不致引起全身疼痛等。

对有知觉的伤者也可询问适合他本人的舒服的姿势,例如:水平躺着、把上半身稍支起躺着、靠着椅子坐着等。若伤者无知觉,则很有可能是舌根下沉或有异物等引起呼吸道阻塞;为了防止这种可能性,要让伤者处于侧卧姿势,让下颚向前一点,确保其呼吸能正常进行；同时，使其两臂弯曲，前腿弯曲90°，保持不翻倒。若认为不应把伤者从车内拉出来或应使之坐在座席上，要特别注意确保其呼吸道畅通，能够正常呼吸，使伤者处于原有姿势，并保持安静。

让伤者处于侧卧姿势

10 心肺复苏法

心肺复苏法，就是在伤者失去知觉、心脏停止跳动、呼吸停止，或者处于近似的状态的时候，为了使伤者心脏和呼吸的机能恢复，所进行的一种救护方法。心脏复苏法有3个步骤：确保呼吸道畅通、进行人工呼吸、实施心脏按压。

进行心肺复苏急救前，先改变面朝下（伏卧）和横向（侧卧）倒着的伤者的姿势。救助者的膝盖要跪在伤者的身体的一侧，用一只手支住伤者的后脑勺以及脖颈，另一只手放在其腋下，将伤者改换成仰卧的姿势，注意不要扭身子（特别是脖子）。

为了确保伤者呼吸道畅通，一般情况下要采取头部向后仰、下巴向上抬的方法。但是当怀疑伤者颈椎（骨髓）有损伤时，要采取下颚上抬法。无论是用头部向后仰、下巴向上抬的方法或是下颚向上抬的方法，首先都要确保其呼吸道畅通，观察其呼吸状况。当听不到呼吸声以及在发出异常声音的情况下，要考虑是否是因异物或分泌物带来的呼吸道阻塞的问题。在感觉不到伤者呼吸的情况下，也有必要对其口腔内部进行观察，保持呼吸道正常，再进行人工呼吸。

若能确保呼吸道畅通，接下来就要观察负伤者的胸部。把脸凑近其嘴边，感觉负伤者的胸部是否在跳动，用耳朵能否听到其呼吸声，脸能否感觉到受伤者的呼气。大约就这样观察10min。假若胸部没有跳动，听不到呼吸声，感觉不到呼气，则有可能是呼吸道阻塞或呼吸停止。在伤员无知觉的情况下，确保了呼吸道畅通后，伤者仍不能正常呼吸的话，就要进行人工呼吸。

进行人工呼吸时，采用将伤员头部向后屈，下巴尖向上抬的方法确保其呼吸道畅通后，救助者用靠近伤员头部一侧的大拇指和食指捏住伤者的鼻子，吸入大量空气后，对着伤者的嘴，慢慢向伤者的呼吸道吹气，成人每4～5秒钟吹气1次。如果呼吸道确实是畅通的话，那么随着往呼吸道内吹气，可以观察到伤者胸部会向上方膨胀。伤者的呼气是在救助者的嘴离开之后，自然呼出

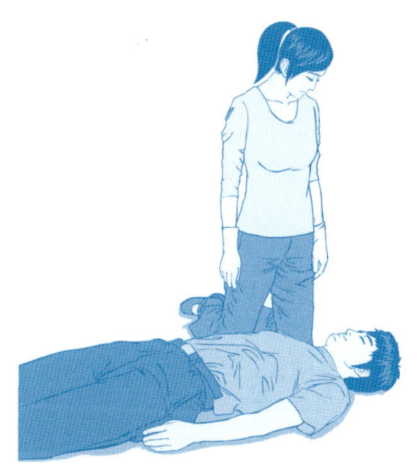

伤员和救护人的姿势

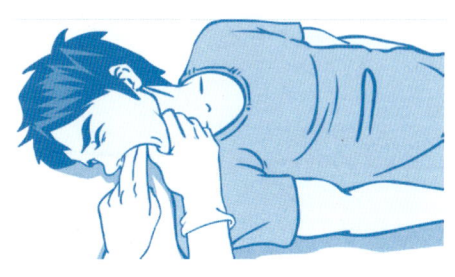

让伤者气道畅通

俯身听伤者心跳

的。若发现伤者口腔内有异物,要立即清理掉。

进行两次人工呼吸之后,把脸靠近伤者的嘴边,用耳朵听呼吸的声音,用眼睛观察其胸部的跳动,感觉其呼气的情况,观察是否在咳嗽。若没有这些迹象,就是没有血液循环的迹象,可判断伤者心跳已经停止,必须立即进行心脏按压。

心脏按压时,救助者站在伤者的旁边,使右手的食指和中指沿着伤者的肋骨的边缘移动,一直移动到左右肋骨线的汇合处。中指到汇合处时,食指正好停留在肋骨上。如果把左手的手掌底部放在食指所指处的胸骨的左侧,这个部位就成了被压部分。把右手放在左手上,进行按压。在进行心脏按压时,手臂伸直,加大力度,把胸骨下压3.5~5.0cm。如果是大人的话,1min可以按压100次。另外,如果负伤者躺的床面比较坚硬的话,可以提高心脏按压的效果。

人工呼吸

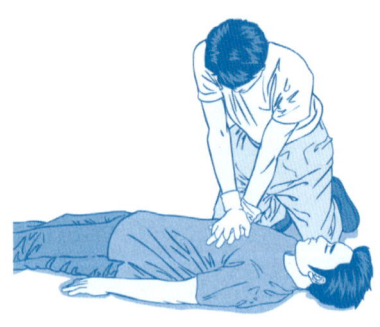

心脏按压

实施心脏复苏法前，先观察伤员，如果其无知觉的话，就要寻求帮助，接下来，观察其呼吸道是否畅通，若不能自主呼吸时，要进行两次吹呼气的人工呼吸。如果无血液循环迹象的话，要立即进行15次心脏按压和2次人工呼吸。把15次心脏按压和2次的人工呼吸结合起来，进行4个周期的反复，大约1min后，检查10s内有无血液循环的迹象。若无这种迹象，再继续进行15次心脏按压和2次人工呼吸，等待救护人员的到来。若伤者能够自主呼吸，在确保呼吸畅通的同时，也要观察其身体姿势以及呼吸情况。当伤者有所恢复，但停止胸外按压后看不到血液循环的迹象，在伤者呼吸减弱，甚至停止呼吸的情况下，要立刻再次进行心脏复苏。若出现以下的情况，可以终止心脏复苏的进行：

（1）伤者能够正常地自主呼吸，血液循环已恢复。
（2）救助者处于危险情况，或者因高度疲劳而难以进行救助。

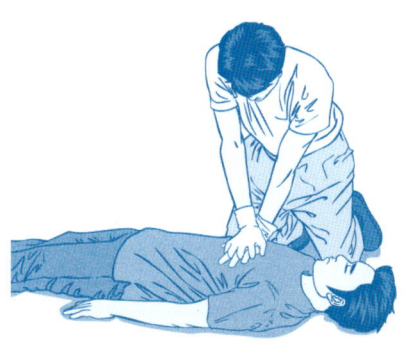

胸外按压

11　常用止血方法

事故现场发现有出血的伤员时，确认其伤口出血部位、出血情况是很重要的。在轻轻地脱掉伤员渗有血迹的衣服后对伤口进行确认的同时，要仔细观察出血状态。如果从伤口出来的是鲜血，且汹涌地喷射出来，或者是有黑红色的血液大量地流出来，在这种情况下，可判断为大出血，要立即进行止血。

最有效的止血方法是直接按住伤口（直接按压法）。按住伤口时，把纱布、手帕、毛巾等放在伤口上，用手掌从上面按下去，此时不必用力压，只要止住血流就可以了。处理手和脚上的伤口时，如果用绷带就能包扎住，就可以先用纱布、手帕包住，然后用绷带、三角巾、毛巾等扎紧。注意不要包扎得太紧，能止住血即可。

若伤口比较大，按住止血比较困难，或者按住止血的效果不好的话，要用止血带缠住上肢和下肢。如果使用三角巾、毛巾、围巾等物品，需要折叠成5cm左右的宽度。先在靠近心脏部位把止血带缠上两层，再打上个半结。用螺丝扳手或硬木棒等插入止血带的结口处，转动螺丝扳手或硬木棒勒紧止血带，直到停止出血，随之进行固定。不能使用细绳、铁丝等细的东西作为止血带。用止血带包扎后，要明示包扎的时间，需要每30min松开一次，使血液流通。

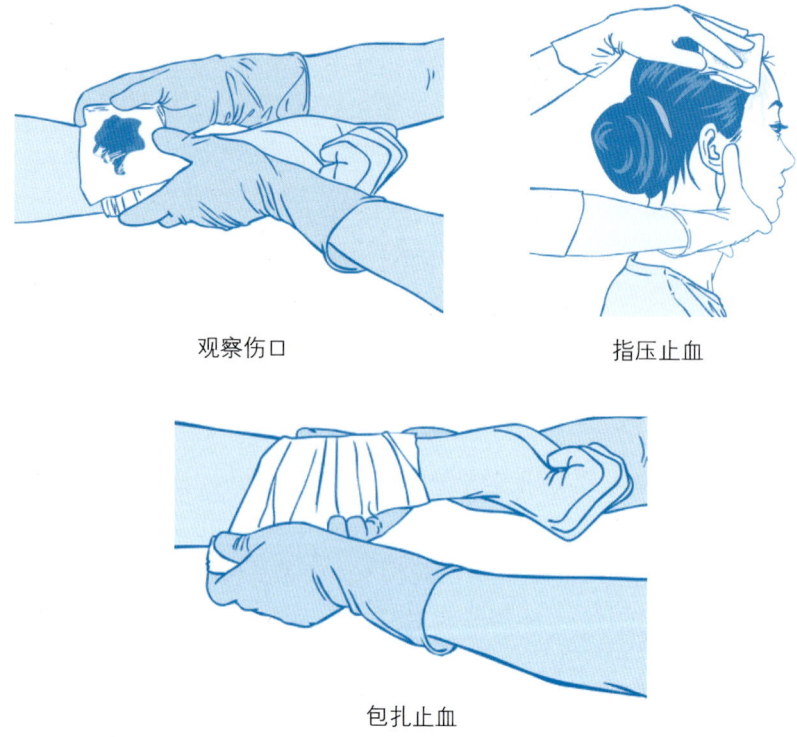

观察伤口　　　　　指压止血

包扎止血

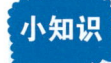

车上需要常备哪些急救用品？

在驾驶汽车的时候，为防止万一，要准备好急救时所必需的急救用品。如：三角巾、纱布、绷带、创可贴、塑料手套、一次性人工呼吸用具等，有条件的最好准备一个车上专用的急救包。